Na Cena do Dr. Dapertutto

Coleção Estudos
Dirigida por J. Guinsburg

Equipe de realização – Edição de Texto: Iracema A. Oliveira; Revisão: Ellen Durando; Sobrecapa: Sergio Kon; Produção: Ricardo W. Neves, Sergio Kon e Raquel Fernandes Abranches.

Maria Thais

NA CENA DO
DR. DAPERTUTTO

**POÉTICA E PEDAGOGIA
EM V. E. MEIERHOLD, 1911 A 1916**

Dados Internacionais de Catalogação na Publicação (CIP)
(Câmara Brasileira do Livro, SP, Brasil)

Maria Thais
    Na cena do Dr. Dapertutto: poética e pedagogia em V. E.
Meierhold: 1911 a 1916 / Maria Thais. – São Paulo: Perspectiva:
Fapesp, 2009. – (Coleção Estudos; 267)

ISBN 978-85-273-0859-5

    1. Artes cênicas 2. Atores de teatro 3. Meirhold, Vsevo-
lod Emilevich, 1874-1940 4. Teatro russo – História e crítica
5. Teatrólogos russos I. Título. II. Série.

09-03915   CDD-792.0947

Índices para catálogo sistemático:

1. Teatrólogos russos : Apreciação crítica   792.0947

Direitos reservados em língua portuguesa à
EDITORA PERSPECTIVA S.A.

Av. Brigadeiro Luís Antônio, 3025
01401-000 São Paulo SP Brasil
Telefax: (011) 3885-8388
www.editoraperspectiva.com.br

2009

Sumário

Introdução 1

Parte I:
VSÉVOLOD E. MEIERHOLD –
O ENCENADOR PEDAGOGO

1. Antecedentes e Matrizes Operacionais da Poética
   Meierholdiana 9

   A Matriz Literária: Cia. do Drama Novo 13
   O Novo Drama e a Nova Organização do Espaço:
   o Teatro- Estúdio na Povarskaia................... 19
   Da Relação Diretor-Ator para a
   de Encenador-Pedagogo-Ator 26
   A Partitura da Encenação e o Ator Simbolista:
   Cia. Vera Komissarjévskaia....................... 30

2. Paradigmas para a Arte da Encenação e do Ator 41

   Antecedentes ao Problema da Convenção 41
   Alguns Paradigmas da Convenção Meierholdiana ... 45

A Encenação Convencional: O Drama Musical
e Molière 47
O Processo de Espelhamento 57

3. Um Olhar Sobre os Rastros 71

Uma Pedagogia em Gestação 71
Uma Revista Programa 79
O Estúdio da Rua Borondiskaia 99

4. A Tradição da Teatralidade: Fontes 109

A *Commedia dell'Arte* na Rússia: Percurso Histórico . 109
O Estudo da Técnica Cênica da *Commedia dell'Arte*. . 114
Abordagens ao Problema da Palavra: Leitura
Musical do Drama e Técnica do Discurso
Poético e em Prosa. 127
O Incipiente Diálogo entre o Estúdio e o Teatro
Oriental 136

5. O Doutor Dapertutto: Professor de Pequenos
Movimentos e Grandes Polifonias. 143

Primeiro Movimento: Prólogo 143
Segundo Movimento: Técnica do Movimento
para o Palco. 146
Terceiro Movimento: o Ator Dançarino-Músico-
Artista Plástico 154
Quarto Movimento: O Ator Polifônico na Cena
Polifônica. 167
Quinto Movimento: Coda ou da Arte de Ensinar
Encenando 170

Bibliografia. 171

Parte II
SOBRE O TEATRO, DE V. E. MEIERHOLD

Prefácio 181

Primeira Parte 185

Sobre a História e Técnica do Teatro. 185
    I. *Teatro-Estúdio.* 185
   II. *Teatro Naturalista e Teatro de Estados d'Alma* . . . 197
  III. *Presságios Literários do Novo Teatro* 212
  IV. *Primeiras Tentativas de Criação de um Teatro*
       de Convenção 218
    v. *O Teatro de Convenção* 231

Sobre a Encenação de *Tristão e Isolda* no Teatro Mariínski . . 238

Segunda Parte
extratos de jornal (1907-1912) 265

    I. Max Reinhardt (Berliner Kammerspiele) (1907) . 265
   II. Edward Gordon Craig (1909) 272
  III. (1908) 276
  IV. (1909) 281
    v. (1910) 286
  VI. Dramaturgos Russos (1911) 287
 VII. O "Teatro Antigo" de São Petersburgo (Primeiro
       Período) –1907 298
VIII. A Encenação de *Don Juan*, de Molière (1910) . . . 301
  IX. Depois da Encenação de *Tristão e Isolda* (1910). . . 308
    x. Encenação de *César e Cleópatra* no Novo
       Teatro Dramático (1910) 313
  XI. Extratos dos Blocos de Notas 316

Terceira Parte 319

  O Teatro de Feira (1912) 319
  Lista dos Trabalhos de Encenação 351
  Encenações nos Teatros Imperiais de Peterburgo . . . 355
  Comentários à Lista dos Trabalhos de Encenação . . 357

Parte III
O ESTÚDIO DA RUA BORONDISKAIA
NA REVISTA *O AMOR DE TRÊS LARANJAS*

ANEXO I
Estúdio V. E. Meierhold – Livro 1, 1914 387

ANEXO II
Estúdio V. E. Meierhold – Livro 2, 1914 391

ANEXO III
Estúdio V. E. Meierhold – Livro 4-5, 1914 395

ANEXO IV
Estúdio V. E. Meierhold – Livro 6-7, 1914 405

ANEXO V
Estúdio V. E. Meierhold – Livro 1-2-3, 1915 415

ANEXO VI
Estúdio V. E. Meierhold – Livro 4-5-6-7, 1915 421

ANEXO VII
Estúdio V. E. Meierhold – Livro 2-3, 1916 431

ANEXO VIII
Tabela das Edições da Revista *O Amor
de Três Laranjas*, 1914/1915/1916 439

Ninguém é pai de um poema sem morrer

MANOEL DE BARROS

Dedico

À Rússia, meu novo sertão.

Ao Prof. Dr. Jacó Guinsburg,
orientador e parceiro *neste trabalho.*

A Reni Chaves (em memória),
com quem compartilhei
a paixão pela vanguarda russa

*Este projeto só foi possível com a ajuda
dos amigos, dos alunos, da família, dos colegas
professores, dos parceiros artísticos etc.
A todos, meu amor.*

Agradeço,

A Carla Pollastrelli

A Elena Vassina e Irina Michailovna

*À Moscow Theatre – School of Dramatic Art, em
especial a Anatoli Vassiliev.*

*A Oleg Feldman e a toda a equipe de pesquisadores do
Centro de Estudos da Obra de V. E. Meierhold/Centro
Estatal de Estudos da Arte, em Moscou.*

A Gennadi Bagdanov.

*A Marina Tenório, Gabriela Itocazzo e Katarzina
Aleksiejew, pela generosa ajuda na tradução.*

*Ao CNPq, por intermédio do programa doutorado
SWE e ao programa de bolsa de estudo da Capes.*

*E, muito especialmente, a Roberto Mallet,
pela aventura comum na tradução de* Sobre o Teatro.

Introdução

Este trabalho é fruto de um *reconhecimento*.

Frente a tantos outros encenadores, Vsévolod Emilievitch Meierhold tomou lugar de destaque naquilo que denomino *mestre imaginário*, por identificar, no pensamento e na prática artística que produziu, fundamentos técnicos, estéticos e poéticos que marcaram a minha formação e alicerçaram a construção de uma identidade artística. Quando da decisão em ingressar no programa de doutorado, constatei que as ideias do encenador russo permaneceram como objeto de estudo em toda minha vida profissional e que, ao longo dos anos, reuni um largo acervo crítico a seu respeito.

Entretanto, a escolha do tema, para além do interesse teórico, decorreu, principalmente, da necessidade de realizar uma reflexão sobre o nosso próprio fazer teatral, sobre a relação entre procedimentos técnicos e criação teatral, e o estudo das ideias meierholdianas apresentou-se como um meio de ponderar sobre os processos de composição da cena e de formação do ator.

Além disso, a realização da pesquisa deu lugar a outros *reconhecimentos*. A investigação do tema me conduziu para muito além do contato com livros e documentos originais sobre a prática meierholdiana. Foi uma experiência com a tradição teatral russa e com o país que lhes deu origem. Antes de partir, fui alertada para o choque e para o encantamento que a Rússia poderia provocar. Minha estada foi marcada por uma sucessão de *choques e encantamentos* – estados de espírito que se deram, por vezes, de maneira simultânea, e que jamais findaram, mesmo nos retornos posteriores.

A condição de estrangeira exigia atenção e, acima de tudo, obediência ao modo de ser daquele universo, sem perda da acuidade crítica. No trânsito entre o russo e o português, entre dois alfabetos, aprendemos que duas línguas correspondem a duas concepções do mundo. Aprendemos que apenas na fronteira das línguas tornam-se possíveis a licença excepcional e a alegre implacabilidade da imagem[1]. Aprendemos que este trabalho não poderia ser uma investigação desinteressada, mas, antes, uma exploração de minhas *origens* – reais e ficcionais –, uma tentativa de autodefinição indireta.

A prática artística e pedagógica sempre se movimentou, para nós, a partir do binômio *ator e encenação*, e encontramos na obra meierholdiana um vasto material de investigação, com um alto grau de excelência e de problematização sobre o assunto. Nossa aproximação ao tema deu-se a partir do estudo das sua encenações dos anos de 1920, em que a *biomecânica* era um tópico recorrente e parecia constituir a única indicação, objetiva e concreta, do caminho proposto por Meierhold para o ator.

O acesso à ampla bibliografia existente sobre Meierhold em línguas ocidentais, que inclui algumas biografias, edições dos seus escritos, cartas, documentos das montagens e, sobretudo, artigos críticos sobre o projeto estético e a linguagem dos seus espetáculos, demonstrou a amplitude da prática artística meierholdiana não permitiria uma generalização dos procedimentos utilizados na cena a todos os períodos da sua produção teatral.

A análise dos *estudos biomecânicos* (assim nomeados por Meierhold após a Revolução de 1917) foi realizada por nós de forma sistemática desde 1990, com diferentes grupos de estudo que reuniam atores e diretores interessados no tema, e revelou a complexidade do pensamento meierholdiano. Este,

---

1 M. Bakhtin, *A Cultura Popular na Idade Média e no Renascimento*. p. 417.

INTRODUÇÃO

apesar de sincrônico com a produção de outros encenadores do período, denotava uma maturidade artística que não poderia ser compreendida apenas por meio da análise dos *estudos biomecânicos* ou de cada montagem.

Estas análises, porém, permitiram definir o objeto de investigação da tese *V. E. Meierhold – O Encenador Pedagogo*, que compõe a primeira parte deste livro, e que identifica as origens dos meios de formação da cena e do ator meierholdiano. Ao eleger as experiências pedagógicas e os estudos sobre a arte do ator e da composição da cena, realizados no Estúdio da Rua Borondiskaia entre 1913 e 1916, podemos verificar como estes encerram um período de formação, de formulação de princípios, de eleição das fontes que, a nosso ver, conduziram Meierhold à maturidade artística demonstrada nos anos vinte.

A pesquisa colocou-me em uma situação inédita e, de certo modo, privilegiada. O meu diálogo acadêmico teve como parceiro fundamental o Prof. Dr. Jacó Guinsburg, estudioso do teatro eslavo e precursor no país, como teórico e como editor de inúmeros trabalhos sobre a vanguarda russa. Na tese *V. E. Meierhold – O Encenador Pedagogo* não é possível falar na primeira pessoa, pois as ideias que expõe e o recorte teórico proposto são fruto de um duplo olhar.

Procuramos evitar a compilação das edições ocidentais, e nos propusemos a buscar um material original na tentativa de reconhecer *rastros* deixados e ainda não analisados. Como pesquisadora visitante no Centro de Pesquisa da Obra de V. Meierhold, do Instituto Estatal de Estudos da Arte (então sob coorientação do Phd. Oleg Feldman), realizei um levantamento das edições russas, documentos, artigos em jornais e revistas que ampliassem os sinais sobre o Estúdio encontrados no Ocidente. Assim, um dos grandes desafios deste trabalho é que ele se articula por um deslocamento permanente entre a avaliação crítica da cena meierholdiana, feita pelos teóricos russos, e a dos estudiosos ocidentais.

É indiscutível que alguns temas e problemas centrais da obra meierholdiana foram levantados primeiramente por estudiosos ocidentais e, se até a época da sua morte, a produção crítica russa (favorável ou não) compreendia o projeto cênico meierholdiano na sua integralidade – abarcando os aspectos técnicos, estéticos e poéticos – o mesmo não ocorreu após a sua reabilitação no final dos anos de 1950[2]. Até os anos de 1980 a abordagem crítica do projeto estético e poético de V. E. Meierhold na Rússia concentrava-se basicamente na análise dos aspectos estéticos da encenação, sem o exame dos procedimentos técnicos que conduziam o trabalho do ator. Negligenciava-se, pois, os indícios de um sistema de representação próprio, omitindo-se uma abordagem, sistêmica ou não, da arte do ator, o que resultou numa clara cisão entre encenação e pedagogia. Nos últimos vinte anos, com as mudanças das condições políticas do país, grande parte do Arquivo Meierhold foi reunida em Moscou, ampliando sobremaneira os títulos publicados, além do aparecimento de estudos específicos acerca das concepções meierholdianas sobre o ator.

Na medida em que foram aprofundadas as investigações, o material do Estúdio apresentou-se como incompleto, pois, diferentemente do que imaginávamos, não tinha a organização sintética da biomecânica e da cena construtivista, e apresentava um feixe temático de uma diversidade incompreensível à primeira vista. Ou seja, apesar de se constituir como uma *escola*, o Estúdio da Rua Borondiskaia tinha uma vocação, antes de tudo, laboratorial e experimental. Se inicialmente pretendíamos observá-lo como um meio de esclarecer a relação ator/encenação dos anos vinte, tivemos que, ao contrário, por questões metodológicas, recuar no tempo e buscar na própria trajetória artística do encenador as fontes e origens dos princípios cênicos que perseguia – assim como Meierhold fez nas experiências do Estúdio.

Na partida para a província e nos primeiros exercícios como diretor da Cia. do Drama Novo, no curto retorno ao TAM, como diretor do fracassado Teatro-Estúdio, e nas primeiras experimentações da cena simbolista na Cia. Vera Komissarjévskaia, foram observados quais os procedimentos técnicos eleitos e qual a correspondência destes com o projeto da encenação. Ao refazer o percurso dos primeiros anos da atividade

---

2 Na Rússia, após o silêncio instaurado depois do assassinato de V. E. Meierhold em 1940, provocado pelo banimento do seu nome da história russa oficial, somente no início dos anos sessenta foram retomados os estudos e a análise crítica da sua obra, com as publicações de pequena parte de seus escritos.

de V. E. Meierhold como encenador, não foram analisadas e ou descritas as encenações e as técnicas de preparação do comediante em cada espetáculo ou fase. Detivemo-nos, sim, no ator como parte de um projeto de encenação.

Sabemos que não houve de sua parte, *a priori*, um projeto de tornar-se um encenador. A cada experiência, Meierhold fixou princípios, definiu matrizes, apoiado no ideário simbolista que foi, seguramente, sua principal inspiração, e do qual retirou os principais paradigmas da sua cena pré-revolucionária: a *convenção* e o *retorno às origens do teatro*. Foram estes os conceitos operadores da análise sobre a prática do Estúdio, pois, partindo deles, foi possível estabelecer uma abordagem única entre a organização da cena e as experiências pedagógicas que visavam a formação do comediante.

O cotidiano do Estúdio demonstrava que a colaboração de atores, diretores, teóricos, dramaturgos e, principalmente, de M. Gnessin e V. Soloviov, foi fundamental para o desenvolvimento e elaboração de conceitos, visto que a abordagem específica realizada nas suas disciplinas, respectivamente Leitura Musical do Drama e Técnica Cênica da *Commedia dell'Arte,* gerou o conhecimento de princípios técnicos que constituíram o esteio para a criação dos exercícios cênicos orientados por Meierhold.

Quando analisamos o cotidiano do Estúdio V. E. Meierhold, não descrevemos uma escola de teatro com um método de formação do ator desvinculado de um projeto cênico. Observamos, sim, qual o conceito de encenação que emerge dos procedimentos técnicos propostos para o comediante.

O ator meierholdiano só pode ser compreendido no contexto da sua cena, e, do mesmo modo, a sua cena se configura somente a partir dos seus elementos constitutivos, que guardam, apesar de tudo, sua independência. A permanente dualidade conjuga liberdade e obediência, e o rigor, sob o qual submete a formação do ator, não exclui a perspectiva de ser a cena o centro principal do aprendizado, daqueles que fazem e daqueles que veem.

O projeto de formação teatral meierholdiano constituiu-se, para nós, com base nos elementos fornecidos pela análise da revista *O Amor de Três Laranjas – a Revista do Doutor Dapertutto* e do livro *Sobre o Teatro*. A simultaneidade das experiências revelou a articulação entre a prática pedagógica e a produção teórica e crítica de Meierhold. Encontramos neles a originalidade do material que procurávamos, e se não esclarecem, por si só, o que poderia ser considerado como um método para o ator meierholdiano, atestam a abrangência e a radicalidade do seu projeto teatral. Não pretendíamos reconstruir o Estúdio da Rua Borondiskaia, mas seguir seus rastros, criando uma imagem que se constitui de pequenas partes. E, seguindo a perspectiva de Meierhold, recusamos apresentar o modelo, visto que ele não existiu.

Na Cena do Dr. Dapertutto – Poética e Pedagogia em V. E. Meierhold,1911-1916, reúne, na primeira parte, a tese *Vsévolod Meierhold – O Encenador Pedagogo*, na segunda, a tradução integral de *Sobre o Teatro*, publicado pelo encenador em 1912, a partir do original russo *O Teatre* e da reedição organizada por a. F. Frevalskii, em 1976, e cotejada com a edição francesa[3] (em alguns casos, com as edições espanhola e inglesa), e, por último, na terceira parte, os programas do Estúdio da rua Borondiskaia, publicados na revista *O Amor de Três Laranjas*, entre 1914 e 1916.

A presente edição refaz, assim, ainda que de modo parcial, o percurso empreendido nesses anos de pesquisa e é um esforço no sentido de contribuir para diminuir a distância das fontes originais.

---

3 *Du Théâtre*, em *Écrits sur le théâtre*, t. i. Trad. e notas de Béatrice Picon-Vallin.

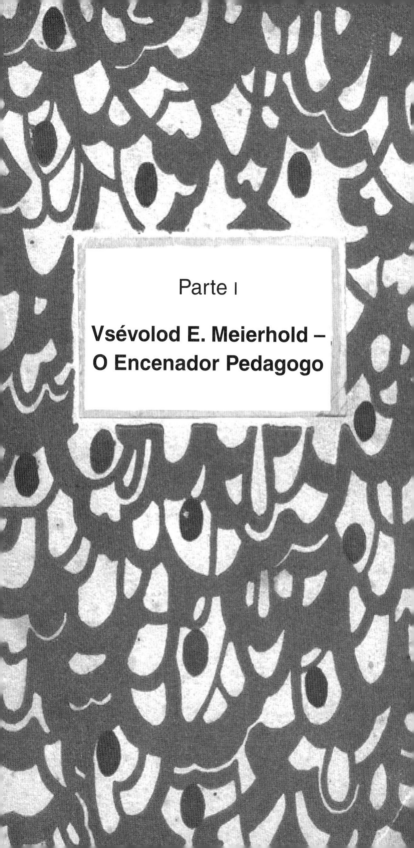

Parte I

Vsévolod E. Meierhold – O Encenador Pedagogo

1. Antecedentes e Matrizes Operacionais da Poética Meierholdiana

A modernidade nunca é ela mesma: é sempre outra:
O moderno não é caracterizado unicamente
por sua novidade, mas por sua heterogeneidade.

OCTAVIO PAZ

K. Derjávin identifica na Rússia, nos anos que antecederam a Revolução de 1917, a convivência de três principais escolas da arte de representação[1]. A primeira gravitava em torno do Teatro Maly, e se encontrava em um período de decadência. Vinculada à tradição dramatúrgica russa, especialmente às transformações propostas por Ostrówski e ao realismo de convenção do século XIX, persistia no culto da "espontânea natureza humana".

A segunda escola, mais forte, organizava-se em torno das recentes descobertas do Teatro de Arte de Moscou (TAM) e do modelo de atuação apoiado no "naturalismo psicológico". Derjávin considera esta denominação redutora, pois omite as exigências racionais e técnicas nas quais as motivações psicológicas e filosóficas eram apenas um método consciente para alcançar um resultado.

A última do grupo é vista pelo autor como um aglomerado de escolas que agrega a vanguarda teatral do meio do século e que tem como seu principal representante V. E. Meierhold.

---

1 Putyámi Oktyabryá (Nos Caminhos de Outubro), *Sovétski Teatr*, n. 10-11, p. 5.

O surgimento e a proliferação de inúmeras tendências sobre a técnica do ator foram parte da radical separação das correntes artísticas e movimentos dentro do teatro russo. Como afirma o historiador de teatro russo, P. Markov: "a criação de um teatro 'inovador', além da instabilidade de sua base social, sofria inevitavelmente de mais um defeito: por mais rigorosos que fossem, de início, os teatros recém-nascidos quanto à escolha do ator, eles eram obrigados a contar com quadros existentes"[2].

O Teatro de Arte de Moscou, fundado em 1898, inaugurou a formação de uma companhia teatral que se organizava a partir da afinidade na visão sobre a arte. A noção de *filiação* a uma determinada escola ou teatro se disseminou com o objetivo de educar os atores desde o início da sua formação. É esta característica que, para Markov, distingue radicalmente o teatro russo do teatro europeu do período, pois a fixação dos atores em um único teatro não permitia, com raras exceções, conciliar métodos opostos de representação.

No início do século xx ampliou-se o conceito de "escola", na medida em que o papel formador foi transferido para o espaço da cena, do fazer teatral propriamente dito. Seus defensores lutavam contra qualquer leviandade e falta de princípios artísticos, contra o ecletismo (tão comum no teatro até então), afirmando que a *filiação* era o caminho de criação do novo teatro.

Meierhold, assim como muitos dos encenadores do período, não formulou um método, ou um sistema, como reconhecemos em Stanislávski. Na sua prática cênica, como um dos protagonistas das mudanças processadas no teatro russo nos primeiros anos do início do século, tornou a função do diretor teatral uma fusão entre pedagogo e encenador, marcando definitivamente o teatro no século xx.

Aglaia Romannovskaia admite:

Nada nos restou para fazer um balanço das suas atividades pedagógicas, somente os relatos e documentos e a reconstrução peça por peça deste método da *verdadeira teatralidade*, [e conclui que] a tentativa de registrar sistematicamente os princípios meierholdianos leva ao resultado de que o método é fundamentado na sintética

---

2　Aktior Epókhi Revoliútsii (O Ator da Época da Revolução), *Sovétski Teatr*, n. 10-11, p. 6.

ANTECEDENTES E MATRIZES OPERACIONAIS DA POÉTICA MEIERHOLDIANA 11

concepção de arte, e construído em um contexto recíproco destes princípios[3].

Nas descrições dos espetáculos, nos escritos do encenador, nas edições de suas revistas, nos depoimentos de atores e colaboradores, nas críticas e documentos do período, encontramos os sinais dos conceitos eleitos por Meierhold como base para a construção de uma poética cênica. É na estreita articulação entre esses conceitos e a poética que identificamos, na prática teatral meierholdiana, um projeto pedagógico para o ator.

Ao ser admitido na Escola de Arte Dramática da Sociedade Filarmônica, em 1896, Meierhold, jovem estudante de Direito, abandonou definitivamente as experiências amadoras iniciadas em 1892, em Penza, com *A Desgraça de Ter Espírito*, de Griboiêdov. A partir de então, a função de ator estaria sempre associada à de "ajudante do diretor", e o binômio ator/diretor foi constante na sua trajetória até a revolução de outubro de 1917.

Aos anos de estudo na Sociedade Filarmônica (que além das montagens de extratos de peças, da técnica de dicção e declamação, inovava com os estudos de História do Teatro[4]), podemos agregar a prática autodidática do jovem ator, que acompanhava a intensa atividade cultural de Moscou. Dedicou-se também, na época, à leitura de autores, dramaturgos e filósofos, como Ibsen, Hauptmann, Maeterlinck, Nietzsche e Wagner.

As observações do seu professor, Aleksandr Nemiróvitch--Dântchenko, quanto ao seu desempenho excepcional como aluno, atestavam a capacidade de Meierhold de se distinguir com sua personalidade cênica, sua sólida formação e capacidade intelectual. Obteve, pela primeira vez na história da Sociedade, as melhores notas em História do Teatro, História da Literatura e História da Arte.

Suas anotações, datadas de 17 de outubro de 1896, refletiam também uma admirável capacidade crítica e prenunciavam sua

---

3 *Schauspielerausbildung bei Meyerholds und Stanislavsky: die teaterpädagogik Meyerholds in Entstehungsprozeße inner Schauspielmethode mit einigen Bezugen zun Stanislavisky* (*A Formação do Ator em Meierhold e Stanislávski: A Pedagogia Teatral de Meierhold na Gênese do Processo Interno do Método do Comediante com Alguma Referência a Stanislávski*). Tese de Mestrado.

4 G. Abensour, *Vsevolod Meyerhold ou l'invention de la mise-en-scène*, p. 59.

12 NA CENA DO DR. DAPERTUTTO

visão sobre os problemas da formação do ator: "É insuficiente concluir a escola teatral para se tornar um bom artista [...]. Por isso, cada um que estuda ou já concluiu a escola deve aspirar a autodidática fora da escola"[5].

Ao ser convidado por Dântchenko para integrar o primeiro grupo de atores do Teatro de Arte de Moscou, Meierhold encontrou na nova companhia uma prática artística a partir de uma concepção moderna da cultura e do seu papel na sociedade. Ao caráter inovador, o TAM aliava uma disciplina interna que visava formar novos valores artísticos e espirituais, além de um repertório apoiado na dramaturgia européia do final do século e, principalmente, na obra de Anton P. Tchékhov. Estes anos formaram, definitivamente, o caráter artístico do jovem Meierhold. Mas, na medida em que suas expectativas como ator se frustraram, aumentaram suas inquietações quanto aos rumos do teatro.

A convivência com Tchékhov, por quem desenvolveu uma admiração juvenil, serviu-lhe de parâmetro para suas primeiras formulações sobre o teatro. Identificou-se com seu espírito triste e lacônico, encontrando a correspondência que buscava entre o homem e a cena, entre a vida e a arte e "até mesmo a dissensão com as fórmulas de Stanislávski foi se delineando nele em nome deste escritor"[6].

Durante as quatro temporadas, entre 1898 e 1902, desempenhou dezoito personagens, entre papéis de gênero e papéis grotescos, mas era excluído do elenco principal. Aos crescentes conflitos sobre a validade dos caminhos percorridos por Stanislávski e Dântchenko, somou-se o descontentamento de Meierhold e de alguns outros atores por conta das reformas administrativas realizadas em 1901/1902. Nesta reforma, alguns integrantes do grupo se tornaram sócios do Teatro de Arte de Moscou, excluindo Meierhold e outros.

Em seu livro, N. Vólkov faz uma avaliação da experiência do período no Teatro de Arte[7]. O exercício individual, o convívio com diversos atores, a observação dos caminhos per-

---

5 Apud I. M. Krasovskii, *Niekatorie Problem Tieatralnoi de V. E. Meierhold 1905-1919* (*Alguns Problemas da Pedagogia Teatral de V. E. Meierhold, 1905-1919*).
6 A. M. Ripellino, *O Truque e a Alma*, p. 100.
7 *Meierhold*, v. 1, p. 149.

corridos na preparação das personagens e, principalmente, a intervenção do diretor na construção de uma obra, marcaram--no profundamente. Além desses procedimentos, foi neste período que Meierhold se aproximou de temas que se tornariam recorrentes em suas reflexões, como a reconstrução histórica como procedimento cênico, desde a tradição iniciada pelos Meininger até as primeiras formulações do *teatro de estados d'alma* propostas pela dramaturgia tchekhoviana, e o diálogo com a nova dramaturgia européia.

P. Antokolski relata uma antiga lenda que circulava em Moscou sobre os primórdios do TAM:

Stanislávski, em uma conversa, teria citado a frase de Púschkin: "A verossimilhança ainda é considerada a condição principal e a base da arte dramática". Mas a lenda reza que, em seguida, ele teria sussurrado a Meierhold a continuação das palavras de Púschkin: "e se nos provassem que a essência da arte dramática exclui a verossimilhança?"[8].

Embora não possamos concluir que, no momento de sua saída da influência direta de Stanislávski, Meierhold já tivesse ideias formadas sobre o que viria a ser seu projeto teatral, esta lenda traduz os dilemas que o encenador enfrentaria, e as contradições existentes no discurso artístico do seu mestre o impeliram a buscar um novo caminho, uma direção oposta à do TAM.

A MATRIZ LITERÁRIA: CIA. DO DRAMA NOVO

No dia 12 de fevereiro de 1902, o TAM comunica o afastamento de Meierhold, assim como o de outros atores. Entre eles estavam Kochevérov e sua mulher, Maria Vasilievna, e a cunhada de Meierhold, Ekaterina Munt.

Meierhold cumpre seu contrato até o final, em março de 1902, quando da turnê do teatro a São Petersburgo. Na primavera, entre abril e maio, faz a sua primeira viagem ao exterior – vai a Milão, na Itália. Escreve suas impressões sobre a cidade para

8 Stanislavski i Meierhold, *Teatr*, n. 8, p. 82.

um jornal de Moscou, voltando sua observação às novidades da metrópole, ao cotidiano dos trabalhadores nas fábricas e à intensa vida universitária da cidade. Os comentários teatrais se restringem à "bolsa artística", ou seja, à vida cultural milanesa, e a algumas palavras sobre o ator italiano Tomazzio Salvini[9].

A Trupe de Artistas Dramáticos Russos sob direção de V. E. Meierhold e A. C. Kochevérov inicia seus ensaios em agosto do mesmo ano em Kherson, Ucrânia. Ocupa um celeiro, numa cidade com características provincianas, sem vida intelectual significativa, sem universidade e sem jornal local. Aparentemente, os principais motivos que levaram a recém-fundada companhia a se fixar em Kherson foram as condições negociadas por Maria Vasilievna, que incluíam o arrendamento do teatro, sem pagamento.

O contrato estabelece a duração de seis meses de temporada (de setembro a fevereiro), um repertório de qualidade e que comportasse obras novas. Neste período são encenadas cento e quinze peças, um quarto delas em um ato, formando um repertório identificado como cópia ao estilo de produção do TAM: Tchékhov, Tolstói, Hauptmann, Ibsen, Zola, Nemiróvitch--Dântchenko, Ostróvski etc., das quais Meierhold participa como ator de oitenta e três.

A temporada tem início com a peça *As Três Irmãs*, de A. Tchékhov. No amplo repertório, um único texto se destaca como uma intervenção inovadora dos diretores: *Os Acrobatas*, de Franz von Schönthan, traduzido por Meierhold e pela atriz Natalia Budkewich. Na peça, Meierhold interpreta Landowski, o seu primeiro Pierrô de muitos que se seguiram.

Edward Braun, em seu livro *Meyerhold – A Revolution in Theatre*, salienta o fato da Cia., com 38 jovens atores, sustentar um repertório sem a presença de textos farsescos, melodramáticos ou mesmo a preponderância dos dramas de Ostróvski, como era usual na Rússia. O sucesso administrativo do empreendimento, que gerou inclusive lucro, foi decorrente da redução de preço nas matinês e apresentações gratuitas pela manhã, para os estudantes.

---

9   Milan (Milão), em L. D. Vendrovskaya; A. V. Febralski (orgs.) *Tvortcheskoie Nasliediie V. E. Meierholda* (*A Herança Artística de V. E. Meierhold*), p. 18.

ANTECEDENTES E MATRIZES OPERACIONAIS DA POÉTICA MEIERHOLDIANA 15

A província de Kherson, formada por uma burguesia que representava uma sociedade em mutação com aspirações culturais, demonstrava interesse em relação às propostas filiadas ao Teatro de Arte, apesar do total desconhecimento das inovações cênicas realizadas pela cia moscovita. A realidade provinciana ditava as formas de trabalho e colocava a nova trupe em efetiva vantagem, por agrupar artistas que, de fato, formaram-se sob a orientação de Stanislávski e Dântchenko.

Neste período, encontramos a evidência de um rico momento de trabalho para Meierhold, com o acúmulo de experiências como encenador, ainda que sem indícios concretos do que seria o seu projeto teatral no futuro. Ele mesmo refletiria, mais tarde, sobre a sua condição de escravidão daquela fase, concluindo que, inicialmente, não lhe restava outro caminho que não o da imitação servil a Stanislávski.

Após o sucesso da temporada de 1902-1903, a Cia. realizou, na primavera seguinte, uma turnê por três cidades da Crimeia, no fim da qual Meierhold e Kochevérov separaram-se. Para auxiliá-lo na elaboração de um novo repertório, Meierhold convidou como consultor literário A. M. Rêmizov[10], que muito o influenciou na juventude.

Desta associação surgiu o nome Cia. do Drama Novo, que identificava claramente o projeto artístico. Os termos "nova arte", "novo ator", "novo drama" penetraram na arte russa através do movimento simbolista e se tornaram emblemáticos das propostas meierholdianas. O *drama novo* sinalizava sua vontade de encontrar caminhos que o afastassem do tradicional repertório dos teatros russos e da influência do Teatro de Arte. Durante o mês de agosto coube a Rêmizov a tarefa de devorar textos das novas correntes teatrais que surgiam na Europa do Oeste.

O repertório escolhido combinava autores presentes na temporada anterior com a dramaturgia simbolista de Maeterlinck, Schnitzler, Sudermann, Przybyszewski e do próprio Rêmizov. A inclusão dos novos autores era um meio de educar

---

10 Escritor e dramaturgo (1877-1957) com intensa atividade política. Meierhold conviveu com ele quando da sua estada em Penza, cumprindo uma prisão domiciliar e, como relata o encenador no seu artigo Elementos de Uma Biografia, de 1921, foi responsável por despertá-lo para o sentido da vida, da existência e, especialmente, a descoberta de Hauptmann.

16　　　　　NA CENA DO DR. DAPERTUTTO

os atores, refazendo talvez a estratégia de Stanislávski quando da formação do Teatro de Arte. Ou seja, a nova dramaturgia impunha outras demandas, exigindo dos atores a adaptação dos seus meios técnicos e expressivos.

Rêmizov, representante da nova literatura russa, ao sugerir novos dramas, traduzi-los e etc., desempenhou não só o papel de proponente – cujas funções eram ligadas diretamente ao diretor artístico –, mas foi também um importante instrumento na preparação do elenco. Suas intervenções tinham o objetivo de dar subsídios aos atores sobre os autores encenados. O trabalho de mesa, denominado "conversa com os atores", ia além da análise do texto e das personagens: penetrava no universo do autor, proporcionando a compreensão das transformações estilísticas da literatura dramática.

O escritor, ao refletir sobre sua função, revelou na revista *Vida e Arte* (1919) que se sentia semelhante a um afinador de instrumentos de cordas, só que, no seu caso, "afinando pessoas"[11]. Meierhold iniciou aqui uma colaboração intensa com artistas e intelectuais que contribuíram, cada um com a sua "especialidade", para ampliar a sua compreensão, e a dos atores, sobre a complexidade do teatro.

Em abril de 1904, Meierhold recebeu pela primeira vez o convite da atriz Vera Komissarjévskaia para dirigir a Cia. fundada por ela. Ele não aceitou. O motivo que o levou a recusar a oferta foi que esta não incluía a sua participação como ator e, para ele, o trabalho de direção não desenvolvia sua personalidade artística. Seu objetivo era, prioritariamente, aumentar o nível artístico de todo o grupo. Em carta enviada à atriz, afirmou que "introduzir o grupo de artistas preparados pela minha escola é importante para mim"[12], sinalizando como desejava tornar a Cia. do Drama Novo um empreendimento de formação coletiva, com a identidade artística projetada por ele.

Se a temporada de 1902-1903 foi marcadamente uma continuidade das experiências no TAM, as experiências de 1903-

---

11　O. Feldman, A. M. Rêmizov e Novie Dram (A. M. Rêmizov e a Cia. do Drama Novo). *Teatr*, n. 4, p. 105.

12　Em V. P. Korsunova; M. M. Sitkoveckaja (orgs.), *Pieriepiska 1896-1939 (Correspondência 1896 – 1939)*, p. 44.

1904 revelaram a necessidade de superação, e os primeiros sinais do caminho que desejava trilhar.

Na temporada seguinte, a Cia. do Drama Novo transferiu-se para Tíflis, na Geórgia, onde lhe foi oferecido o teatro da Sociedade Artística, novo e equipado. A cidade demonstrava uma grande expectativa de novidades, e o primeiro espetáculo apresentado foi a remontagem de *As Três Irmãs*. Nesta temporada, que apresentou um repertório mais seletivo, encontramos os primeiros sinais de transformação nas encenações meierholdianas.

Cia. do Drama Novo. Tíflis, 1904. Da esquerda para a direita, Meierhold é o quinto.

A experimentação desejada veio com a peça *Neve*, de Przybyszewski, drama que tem a ambição de criar uma escritura dramática nova por meio de uma ação cênica que se desenvolve a partir de variações da vida interior. Esta montagem foi indicada com unanimidade pelos estudiosos como marco de um novo método de encenação, pois ainda que "com resultados bastantes modestos e circunscritos, do ponto de vista artístico", foi o primeiro passo em direção a um teatro "despojado do lastro verista"[13].

Meierhold convidou figurantes, fixando suas participações para as cenas do coro, o que não era prática comum. Ele se incluía diretamente como ator, como um corifeu que regia internamente a ação do conjunto – prática que revelava seus primeiros impulsos pedagógicos. Aos figurantes eram abertos os ensaios de declamação e de artes cênicas[14] liderados por

---

13 J. Guinsburg, *Stanislávski, Meierhold & Cia*, p. 16.
14 I. M. Krasovskii, op. cit., p. 11.

Meierhold, com o objetivo de instrumentalizá-los para as cenas corais.

A reação contrária do público e da crítica local, que pedia cautela aos espectadores e denominava o espetáculo "charlatanismo literário", exigindo um repertório com peças literárias e livres de controvérsias, impediu Meierhold de continuar os experimentos cênicos. Ele retomou os limites do teatro ortodoxo, mas introduziu novos dramaturgos, como Strindberg, Wedekind e Górki.

A Cia. do Drama Novo representa uma importante matriz do pensamento meierholdiano, porque aqui se afirma um dos primeiros pilares do seu projeto teatral – a literatura como matriz da cena. Alguns anos depois Meierhold escreveria:

> Li em algum lugar que *a cena cria a literatura*. Isto não é assim. Se a cena influencia a literatura, é somente por um motivo: ela retarda um pouco seu desenvolvimento, criando uma plêiade de escritores "reunidos em torno de uma tendência dominante" [...]. *O novo teatro nasce da literatura*[15].

Para nós, ele reconhecia não somente o fato de que o movimento literário era o principal agente de ruptura das velhas formas (quadro este que se transformou exatamente com a vanguarda russa, em que a simultaneidade das experiências renovadoras se estendeu por toda produção artística), mas também compreendia que os paradigmas literários eram modelos da cena, por exigirem uma transformação dos meios técnicos e humanos do teatro. Havia uma evidente hierarquização dos elementos cênicos, e a literatura dramática ainda ditava os caminhos trilhados por Meierhold no início do século.

A Cia. do Drama Novo permitiu a Meierhold, além dos primeiros exercícios como encenador, um espaço de ampliação e organização da sua formação literária – das tradições russas às novas correntes européias –, o que facilitou seu deslocamento pelas mais diferentes escolas da literatura dramática nos anos posteriores.

Esta foi a última temporada da Cia. que seria reativada, por um curto período, no inverno de 1905-1906.

---

15 Ver infra, p. 212. Grifos do autor.

O NOVO DRAMA E A NOVA ORGANIZAÇÃO
DO ESPAÇO: O TEATRO-ESTÚDIO NA POVARSKAIA

O inverno russo de 1904-1905 pode ser considerado uma efervescente primavera cultural. Foi o momento em que novas correntes se faziam ouvir com crescente nitidez, e se iniciava a década entre duas revoluções – a de 1905 e a Revolução Comunista, de 1917 –, delineando uma crescente complexidade social. As descobertas científicas e a renovação do pensamento artístico buscavam respostas nas questões filosóficas e na teorização da vida e da arte.

Datam deste inverno o início do movimento simbolista russo[16], a passagem pela Rússia de artistas como Isadora Duncan e Max Reinhardt, as publicações de Aleksandr Blok, a abertura de novos teatros como o de Vera Komissarjévskaia, exposições, lançamentos de manifestos, entre tantos outros eventos importantes.

Nos últimos anos do século XIX, o teatro russo foi transformado pela linguagem realista, que revolucionava as convenções vigentes, e pela ideia de organizar os componentes do espetáculo em um todo coerente, submetido à vontade do diretor – esses foram os princípios básicos do Teatro de Arte. Seis anos depois o quadro geral era outro: a morte de Tchékhov, somada ao fracasso das montagens simbolistas, instaurou uma crise no TAM. Com plena consciência artística, Stanislávski pressentiu a necessidade de acompanhar as mudanças e abrir novos caminhos. Encontrou forte resistência, principalmente por parte de seu sócio e parceiro Aleksandr Nemiróvitch-Dântchenko.

Stanislávski reconhecia que os limites impostos pelas obrigações diárias (administrativas e artísticas) de um teatro regular não permitiam a realização de projetos com um trabalho prévio de laboratório. A prática de um teatro dividido em uma casa principal e outra experimental teve como pioneiros os diretores alemães Max Reinhardt e Richard Vallentin, em fevereiro de 1903.

---

16 A geração deste movimento de renovação pode ser notada desde 1898 com o lançamento da revista *Mir Isstkustva* (*Mundo da Arte*), que divulgava as "ideias estéticas do *fin du siècle* europeu" e trabalhos pioneiros como o artigo Verdade Inútil do crítico literário Briússov. Ver J. Guinsburg, op. cit. p. 16-17.

NA CENA DO DR. DAPERTUTTO

Em *Minha Vida na Arte*, Stanislávski fala sobre os motivos que o levaram a convidar Meierhold a se tornar o diretor-artístico da sucursal do Teatro de Arte, o Teatro-Estúdio da Rua Povarskaia. Para ele, o diretor da Cia. do Drama Novo parecia já haver descoberto caminhos e métodos, enquanto ele possuía apenas aspirações. O fato é que era público o trabalho realizado por Meierhold na Cia. do Drama Novo, sendo reconhecido inclusive pelas críticas publicadas na revista *Mir Iskusstva* (*O Mundo da Arte*)[17], talvez em decorrência da sua associação com Rêmizov, mas também pelo ineditismo da bem sucedida empreitada.

Apesar do sucesso na província, as aspirações do diretor se dirigiam a Moscou. O convite de Stanislávski pôs fim à sua busca por recursos que viabilizassem a abertura de um novo teatro na cidade, como propunha a K. M. Babanin, com "um novo repertório, um teatro de Maeterlinck, D'Anuzzio, Przybyszewski..., um teatro como reação contrária ao naturalismo, um teatro de Convenção, não um teatro d'alma"[18].

A experiência fracassada do Teatro-Estúdio, por demarcar o rompimento de Meierhold com os preceitos defendidos por Stanislávski, foi amplamente explorada em numerosas análises críticas e narrativas.

O Teatro-Estúdio, como nomeou Meierhold a primeira filial do Teatro de Arte[19], não objetivava ser nem uma escola para principiantes nem um teatro convencional. Como podemos apreender no relato de Serguei Popov[20], os discursos de abertura, em maio de 1905, revelavam as diferentes perspectivas dos dois diretores. Meierhold criticava diretamente o naturalismo, e afirmava a necessidade de superação deste por intermédio de métodos modernos para a arte dramática, visando satis-

---

17 *Mir Iskusstva* é uma revista de arte ilustrada, publicada em São Petersburgo de 1899 a 1904. É dirigida por S. P. Diaghilev, e depois, em 1904, por A. N. Benois (N. da T. Fr.).

18 Em V. P. Korsunova; M. M. Sitkoveckaja (orgs.), op. cit., p. 47.

19 No capítulo dedicado ao Teatro-Estúdio em *Minha Vida na Arte*, Stanislávski atribui a ideia do nome a Nemiróvitch-Dântchenko, o que pode ser facilmente contestado pelas narrativas de outros participantes, como Serguei Popov, administrador contratado por Stanislávski e que esteve presente nas reuniões de organização.

20 K Istorii Studii na Povarskoi (Teatro-Estúdio na Povarskaia), *Mir Iskusstva – Almanakh*, p. 346.

fazer ao espectador inteligente que exige novas formas. Propunha que o Teatro de Arte assumisse a sua responsabilidade histórica, por ter sido o representante máximo de uma "escola" teatral na Rússia, e que enviasse trupes de atores constituídas anualmente no Teatro-Estúdio para a província, como instrumento de formação de um novo teatro, de um novo público. Ou seja, Meierhold não podia ser mais claro e direto quanto aos seus inovadores propósitos.

Ainda que Stanislávski reconhecesse não ser o jogo naturalista a última palavra, para ele o novo teatro deveria dar continuidade aos avanços conquistados pelo Teatro de Arte, e sugeria que fosse impressa uma forte disciplina nas atividades do Teatro-Estúdio. A intensa oposição do grupo liderado por Dântchenko, que posteriormente acusaria Meierhold de colocá-lo em confronto com Stanislávski e usurpar suas ideias simbolistas, justificava plenamente os cuidados de Stanislávski quanto à filiação do novo teatro à tradição do Teatro de Arte. Mas apesar dos diferentes tons do discurso, os dois encenadores convergiam na tese fundamental: buscar meios para concretizar, na cena, as inovações propostas pelo novo drama, o drama simbolista.

Pela primeira vez, Meierhold contava com a colaboração de artistas identificados, como ele, com as correntes renovadoras da arte russa. De um lado, um escritório literário integrado por poetas em evidência e coordenados por V. Briússov, representante máximo do movimento simbolista e precursor na luta contra o naturalismo. Coube a este grupo, dando continuidade à consultoria literária já iniciada com Rêmizov, encontrar obras da moderna literatura dramática. Do outro lado, Sapúnov e Sudéikin (jovens pintores simbolistas), Deníssov, Uliánov, Golst e o príncipe Gugunava formavam a equipe de cenografia responsável pelas proposições que culminariam no fim do cenário realista.

No ateliê de maquetes, no decorrer do mês de maio, nasceram os planos das peças. Para Meierhold, a experiência desempenhou um papel decisivo ao permitir "queimar e pisotear os procedimentos caducos do teatro naturalista", pois "revirando uma maquete em nossas mãos, revirávamos o teatro contemporâneo"[21]. Surgia aqui o primeiro instrumento

---

21 Ver infra, p. 189.

22 NA CENA DO DR. DAPERTUTTO

concreto, além do drama simbolista, contra o naturalismo: *a revolta das maquetes* foi o fim do fiel servilismo à reprodução cenográfica. Nos cenários em forma de painéis – telões que proporcionavam à cena uma impressão e não uma reprodução da realidade – foi delineada a nova matriz da cena meierholdiana: o espaço cênico – o novo drama exigia uma outra organização espacial.

A fusão entre diretor e cenógrafo experimentada neste período contribuiu para amadurecer a ainda incipiente visão meierholdiana do papel da direção, e a necessidade de estreito diálogo entre os dois criadores. Meierhold descobriu que suas ideias só se revelariam na cena se formulasse claramente um projeto cenográfico, mas que seria "apenas o consultor do cenógrafo", por ser este o único que conhecia, até o fim, os segredos do seu cenário[22].

A experiência do Teatro-Estúdio estava baseada em dois pilares: o texto e a perspectiva pictórica. Cabia à direção colocar concretamente o material dramatúrgico em cena e encontrar um funcionamento adequado para o conjunto artístico. Não podemos, porém, afirmar que esta foi uma escolha consciente. Meierhold era ainda um pedagogo inexperiente, mas suas experiências como diretor lhe permitiam a clara compreensão de que não conseguiria fazer de intérpretes tão diferentes e completamente jovens, atores capazes de realizar suas ideias de maneira única.

Mas, pela primeira vez, a situação exigia dele uniformidade de estilo. O grupo de atores do Teatro-Estúdio era formado por ex-alunos da Escola do Teatro de Arte, atores da Cia. Drama Novo e alguns atores graduados no Teatro Alexandrínskii de São Petersburgo.

Os ensaios foram iniciados em junho fora de Moscou, em uma atitude de isolamento que permitia inteira dedicação dos envolvidos, e se estenderam durante todo o verão. Stanislávski acompanhou à distância e foi informado regularmente sobre o processo, como, por exemplo, na carta de 13 de junho, em que Meierhold relatava os ensaios de *A Morte de Tintagiles*, de M. Maeterlinck. Nela, o encenador se mostrava entusiasmado com

22 Publikatzii (Publicações), *Teatr*, n. 3, p. 30.

os experimentos realizados pelo compositor Ilia Satz, se surpreendia com a sincronia entre as propostas musicais de Satz e a sua leitura do autor, testemunhava ainda sua aspiração em ensinar aos atores a compreensão do dramaturgo. Meierhold considerava como sua principal tarefa garantir uma unidade de pensamento à encenação.

O relato da V. Vereg(u)ina, jovem atriz formada na Escola do Teatro de Arte, reproduz o clima dos ensaios de *A Morte de Tintagiles*[23]. A condução do diretor gerava entusiasmo pelo seu caráter inovador e inspirado pelos pintores primitivos. Explorava-se em cena, pela primeira vez, o poder expressivo do corpo do ator. A "estatuária plástica" foi experimentada, não como cópia das pinturas, mas a partir da imaginação criativa do diretor que pretendia concentrar o ator – física e mentalmente – através das poses, do desenho do gesto e da ênfase do perfil do corpo.

Para atingir o mesmo efeito com a voz, a emissão do texto deveria ser em um tom transparente, leve, semelhante ao sopro de ar, contra o jeito de ler trivial. Deslocava-se o centro da cena: a palavra, que até então era a base da ação cênica, ganhou um outro estatuto ao ser associada à linguagem gestual.

O rigor e o artificialismo do gesto e da palavra objetivavam gerar uma qualidade emocional, completamente distinta da representação naturalista. Como afirma Vereg(u)ina, "lá, onde o naturalismo realiza o grito, ele [o diretor] substitui, inesperadamente, por um intenso silêncio". A aproximação da linguagem pictórica como base para a expressão do ator, que Meierhold empreendeu em *A Morte de Tintagiles*, levou à descoberta da necessidade de submissão do temperamento do intérprete à forma e, por consequência, à dramaturgia e à direção.

Desta forma, com a realização correta das tarefas do diretor, o ator chegava logicamente ao interior vindo do exterior. Justamente aqui Meierhold descobriu esse importantíssimo princípio criativo que depois o seguiu por toda a sua vida. Aqui estão as fontes da pedagogia e da direção de Meierhold[24].

---

23 V. Vereg(u)ina, Pa Doragam Iskanií (Nos Caminhos da Pesquisa), em M. A. Valentii et al (orgs.), *Vstrietchi s Meierholdom* (*Encontros com Meierhold*), p. 32-33.
24 I. M. Krasovskii, op. cit., p. 20.

Mas, se o Teatro-Estúdio se tornou um teatro de pesquisa, os caminhos realistas estavam arraigados nos artistas envolvidos. Os primeiros experimentos foram mostrados a Stanislávski – acompanhado de Dântchenko, com alguns atores do TAM, M. Górki, Andrêiev e alguns amigos – no final do verão. Eram cenas isoladas, que causaram uma impressão positiva por apresentarem, como afirmou Stanislávski, "coisas interessantes e novas, que me pareceram verdadeiros achados"[25]. Um mês depois, a transferência para o edifício teatral que estava em reforma teve o significado de ocupação não somente do palco, como também do prédio. Serguei Popov, que administrava a obra, relembra o entusiasmo juvenil dos cenógrafos, que desejavam intervir, inclusive, na decoração requintada e com estilo burguês do *foyer* do novo teatro.

Aos procedimentos cênicos convencionados dos atores somaram-se um cenário completamente descompromissado com as exigências da realidade e uma música permanentemente presente como fundo musical, conduzindo as almas dos espectadores para o mundo do drama de Maeterlinck.

Nesta construção rítmica-musical, Meierhold "prestava culto incondicional ao espírito wagneriano-nietzscheano, em que a música era 'a maior das artes' e portadora das significações últimas"[26]. O profundo conhecimento que Meierhold dispunha do drama-musical wagneriano se manifestaria anos depois e se tornaria uma referência para o desenvolvimento do seu conceito de composição da cena teatral.

O ensaio geral, em outubro, foi uma catástrofe. O espetáculo revelou a distância entre os projetos teatrais stanislavskianos e meierholdianos. Estudos posteriores demonstraram a importância do Teatro-Estúdio para a história do teatro russo e, especialmente, para Meierhold e Stanislávski. Mas, naquele momento, como o próprio Meierhold reconhece no artigo "O Teatro-Estúdio", "o cenário era convencional em seu conjunto, mas permanecia claramente realista nos detalhes. Onde acabava o trabalho do encenador, começava a representação ordinária do ator", ou seja: "não era possível reconstruir um

---

25 *Minha Vida na Arte*, p. 158.
26 J. Guinsburg, op. cit., p. 26.

teatro sobre antigos fundamentos"[27], no caso as do Teatro de Arte. Na verdade, para Meierhold, a estilização falhou porque ela não era estilizada o suficiente.

No entanto, como propõe Krasovskii, podemos destacar alguns dos principais problemas que foram enfrentados – ainda que não solucionados – por Meierhold na experiência do Teatro-Estúdio, e que se tornariam emblemáticos na sua cena:

- A formação do conjunto – o diálogo como instrumento de educação do ator;
- A contribuição intelectual do ator deve se concretizar na cena;
- A afirmação do ator como meio de interação entre cena e plateia;
- A "pré-cena" – a composição plástica antecede qualquer ação cênica;
- A submissão da vida interior à forma exterior;
- O controle do temperamento do ator;
- A perspectiva do papel – a consciência do objetivo da personagem na concepção cênica[28].

Após as experiências do Teatro-Estúdio, Meierhold certificou-se da necessidade de encontrar atores com "um outro material, mais flexível e menos familiarizado com os encantos de um teatro já fixado"[29]. Assim, refletiu sobre os males causados pela excessiva vinculação entre a formação do ator (no caso, a escola de teatro) e a cena russa, antecipando um problema crucial para o teatro russo pós Segunda Guerra: o da imposição de uma única filiação, a escola oficial.

Pela primeira vez, ele projetou uma escola independente, de pesquisa, que "deve ser organizada de tal maneira, para que dela nasça um teatro e que tenha, consequentemente, uma única porta de saída para seus estudantes: ou para um novo teatro, fundado apenas por eles, ou para lugar nenhum"[30].

---

27 Ver infra, p. 194.
28 Iz ópyta Teatral noi Pedagóguiki V. E. Meierholda, 1905-1917 (Da Ótica da Pedagogia Teatral de V. E. Meierhold, 1905-1917), p. 54-58.
29 Ver infra, 194.
30 Idem, ibidem.

G. Abensour considera que a principal lição do Teatro-Estúdio foi o enaltecimento "do papel do encenador, como aquele que, tal como um chefe de orquestra, vela pela coerência do conjunto visando um projeto comum: faz com que a alma do espectador entre em comunicação com a do poeta pela mediação do jogo teatral"[31].

Porém, ao delimitar o campo do encenador como regente da cena, Meierhold deparou-se uma vez mais com a questão do ator. Do naufrágio do projeto Teatro-Estúdio emergiu a lição de que o novo teatro necessitava de outros instrumentos, além da literatura e do espaço cênico. O novo teatro exigia que se renovassem os meios e procedimentos técnicos daquele que materializava, no tempo e no espaço, as ideias do encenador.

DA RELAÇÃO DIRETOR-ATOR
PARA A DE ENCENADOR-PEDAGOGO-ATOR

Nos quatro meses de inatividade após o fim do Teatro-Estúdio, Meierhold travou contato com intelectuais e artistas que, como ele, consideravam o naturalismo superado e almejavam restituir ao teatro a dimensão sacra perdida. Este grupo era formado pelos principais formuladores do simbolismo russo ao lado de Briússov, e se reunia em torno Viatchesláv Ivánov no teatro denominado A Torre.

Briússov foi o precursor das teses contra o naturalismo, e considerava que o projeto do Teatro de Arte de Moscou se apoiava sobre o mesmo princípio do teatro oitocentista. Em seu artigo "Uma Verdade Inútil", escrito em 1902, que se tornou o manifesto do simbolismo, defende uma obra de arte que exprima a interioridade do artista. Para ele, o mundo externo é apenas um suporte sobre o qual o artista se arrima para tornar tangível sua própria sensibilidade, e não pode ser objeto de representação direta. É dele a formulação teórica de um teatro de Convenção, apoiado em um modelo preciso: as tradições do teatro antigo.

---

31 *Vsevolod Meyerhold ou l'invention de la mise-en-scène*, p. 97.

ANTECEDENTES E MATRIZES OPERACIONAIS DA POÉTICA MEIERHOLDIANA 27

Já familiarizado com a efervescência renovadora que atingia a vida cultural russa e persuadido da importância vital do repertório simbolista, Meierhold retomou a Cia. do Drama Novo em Tiflis e, durante o verão, em Poltava, na Ucrânia. Este curto período representou a continuidade das experiências abortadas no Teatro-Estúdio do TAM, e a remontagem de *A Morte de Tintagiles*, de Maeterlinck, pretendia levar a termo sua concepção de uma cena que se constituía na fusão dos aspectos plásticos, do jogo dos atores, da harmonia do movimento, das linhas, do gesto, da música e da cor.

O encenador reconhece, no entanto, suas dificuldades na província. Em carta à mulher, Olga Meierhold, em fevereiro de 1906, demonstra seu descontentamento com o desinteresse dos atores nas leituras indicadas e, principalmente, com os limites técnicos e vocais, que tornavam o temperamento o único atributo do intérprete. Nestas circunstâncias, concluía que o sonho de um Teatro–Escola não poderia jamais ser alcançado[32].

Ainda assim, a continuidade da temporada em Poltava se configurou como um antepalco do trabalho que iria desenvolver a seguir, em São Petersburgo. Paralelamente, reiniciava as negociações com Vera Komissarjévskaia sobre as condições materiais e projetos artísticos a serem desenvolvidos na Companhia da atriz.

A correspondência do período revela seus principais objetivos para a Cia. do Drama Novo. Consciente das exigências concretas do teatro, Meierhold projetou a coexistência de duas trupes na província: a primeira para compor o repertório cotidiano, deixando livre a segunda para preparar o teatro do futuro. No centro de suas preocupações estavam a ideia de conjunto e o ator.

É neste período que Meierhold transforma sua visão sobre o trabalho do ator e cultiva a concepção de uma nova escola, pois já não se satisfaz mais com a visão tradicional do diretor--ator; não a rejeita, mas a aprofunda, aperfeiçoa e constrói um outro esquema: diretor-pedagogo-ator.

---

32 Em V. P. Korsunova; M. M. Sitkoveckaja (orgs.), op. cit., p. 63.

Nesta nova relação, aspirava ter o ator não como simples intérprete das ideias do diretor, mas como colaborador, criador, tomando para si a responsabilidade de prepará-lo. Como afirma E. Braun, "Meierhold agora viu claramente que a criação de um novo teatro era inseparável da criação de um estúdio teatral no qual as novas formas poderiam ser exploradas, e os atores treinados"[33]. Com o amadurecimento dos seus conceitos sobre o trabalho do ator, afirmava que a necessidade da representação de personagens variadas deveria ser desenvolvida exclusivamente no início da carreira, seguida de uma especialização. O encenador teve que se submeter às regras vigentes no teatro provinciano, embasado nos estereótipos, recuperando assim o caráter de *emploi* e abrindo caminho para o conceito de mascaramento, de tipo, que seria desenvolvido nos anos posteriores.

Ainda na montagem de *A Morte de Tintagiles*, encontramos os primeiros escritos das teses desenvolvidas para orientar o ator[34]. Meierhold apresenta alguns *princípios* básicos:

♦ Vivência da forma: mecanismo de fixação e de controle da instabilidade emocional, livrando o ator dos fatores casuais da interpretação;
♦ Sorriso, tremor exterior e tranquilidade épica: eliminam o excesso de reações externas, traduzindo uma atitude de calma e contemplação.

A esses *princípios* se relaciona a noção de *imobilidade*, que se desenvolveria de forma mais radical nas montagens que realizaria em São Petersburgo. Também foram desenvolvidos outros princípios que apresentavam modelos concretos de treinamento do ator no tratamento das palavras:

♦ Dureza do som e ausência de vibrações: manifestavam o cuidado com a estrutura rítmica do texto;
♦ Pausa: não se destina a potencializar o estado de espírito, mas, acima de tudo, destina-se à construção intelectual.

---

33 *Meyerhold – A Revolution in Theatre*, p. 50.
34 I. M. Krasovskii, *Nekotorie Problem Tietralnoi...*, p. 18.

Quanto ao problema formal do desenho corporal do ator, Meierhold desenvolveu o princípio da *referência pictórica*, expresso nos "movimentos de Madonna".

Na esfera da direção, Poltova configurou um campo de treinamento e de ampliação das ideias de Meierhold. Comprovadamente, a leitura de *O Palco do Futuro*, de Georg Fuchs, afinava-se com as concepções defendidas pelos artistas simbolistas que frequentavam o círculo da Torre, entre eles Meierhold. A influência de Fuchs extrapolou o paralelismo entre ele e o simbolismo: foi precisamente na fundamentação dos experimentos do encenador alemão que se confirmou a busca intuitiva do diretor russo.

O diálogo Meierhold-Fuchs é extenso e pode ser atestado inclusive pela presença, anos mais tarde, das concepções do encenador alemão no livro *Sobre o Teatro*, escrito por Meierhold. Destacamos três questões fundamentais propostas por Fuchs, e que se manteriam como base do ator e da cena meierholdiana.

Primeiramente, as suas proposições com relação ao palco cênico. Sua teoria do proscênio restaura este espaço como centro do jogo interativo do ator, que aproxima o público da cena e demanda uma nova técnica cênica, que seria aperfeiçoada por Meierhold em futuras encenações. Em seguida, a afirmação de Fuchs, de que o teatro se origina da dança, reaproxima uma tradição técnica até então esquecida e prenuncia os jogos de cenas "dançantes", que Meierhold desenvolveria posteriormente, e os estudos futuros da pantomima cênica. E, finalmente, Fuchs considera o ritmo como o princípio da expressão do ator.

Este é um aspecto fundamental para o teatro meierholdiano, pois o modelo musical, como veremos adiante, foi uma das bases da sua composição teatral. O encenador russo apresentava uma sólida formação musical, e no Teatro-Estúdio da Rua Povarskaia tinha iniciado seus experimentos com a música na cena: as teorias de Fuchs vinham para confirmar suas intuições. Ao se espelhar na radicalidade teórica de G. Fuchs, Meierhold se instrumentalizou para o exercício radical da prática artística.

A PARTITURA DA ENCENAÇÃO
E O ATOR SIMBOLISTA:
CIA. VERA KOMISSARJÉVSKAIA

Na história da associação entre V. Meierhold e Vera Komissar-jévskaia, em 1906, podemos identificar o surgimento de uma das grandes questões do teatro no século XX: a cisão entre o encenador e o ator. Os conflitos foram decorrentes da reunião de duas práticas teatrais: aquela que se fundava na figura do ator, e a que se afirmava, cada vez mais, na regência do diretor – que exercia o domínio sobre todos os elementos da cena. A partir de então, popularizou-se o conceito de que a afirmação da autoria da cena pelo diretor correspondia à sujeição do ator, reduzindo-o a um objeto a ser manipulado.

Neste mesmo ano, em Florença, na Itália, o diretor e cenógrafo E. Gordon Craig dirige Eleonora Duse no texto *Quando Despertamos entre os Mortos*, de Ibsen – ocasião em que acontece também o encontro entre um diretor de vanguarda e uma grande atriz. Como em São Petersburgo, a experiência é conflituosa, desencadeando uma luta que tem detratores e defensores de ambos os lados.

É digna de nota a intensa publicação de charges nos jornais russos sobre a parceria Meierhold-Komissarjévskaia[35]. Relatavam os diferentes momentos do trabalho, desde a contratação de Meierhold, devidamente acompanhado de um pequeno séquito (fig. 1), submissão da atriz, (fig. 2), o fracasso econômico (fig. 3)[36], as tentativas de Meierhold de negociar diante do iminente conflito (fig. 4) e, finalmente, a exclusão do diretor da companhia (fig. 5[37] e 6).

---

35 E. Binievitcii, Istoriya Karikatur na V. E. Meierholda (História das Caricaturas sobre V. E. Meierhold como Diretor do Teatro V. F. Komissarjévskaia), em L. D. Vendrovskaya; A. V. Fevralski (orgs.), op. cit., p. 211-235.

36 Komissarjévskaia olha o caixa vazio.

37 "Um, dois, três, quatro, cinco / saiu o coelho para passear / de repente o caçador aparece / atira diretamente no coelhinho".

ANTECEDENTES E MATRIZES OPERACIONAIS DA POÉTICA MEIERHOLDIANA 31

32   NA CENA DO DR. DAPERTUTTO

Porém, na ocasião em que Komissarjévskaia convidou o diretor,

o ideário de ambos naquele momento parecia convergir à perfeição. Pois se ali estava, de um lado um encenador que, recusando-se a tomar a plausibilidade mimética da ação e a ilusão da realidade na moldura cênica como condições fundantes da representação teatral e atrevia-se a propor uma decidida reelaboração formal da pesada materialidade do palco e do corpo do ator [...]; de outro lado, ali estava uma atriz disposta a se entregar sem restrições, até com o sacrifício de padrões pessoais de desempenho que eram parte de sua têmpera estilística e perfaziam seu reconhecido perfil artístico[38].

Vera F. Komissarjévskaia encarnava, como atriz, as aspirações das mulheres emancipadas do império russo, e reunia todos os atributos de uma grande dama da cena, a exemplo de Eleonora Duse e Sara Bernard. Apesar de pertencer a uma família de artistas, chegou ao teatro por acaso, depois de brigas familiares que a levaram, inclusive, ao hospital psiquiátrico. Sua carreira, marcada na primeira fase pelas heroínas da dramaturgia de Ostróvski, teve seu apogeu como primeira atriz do Teatro Imperial Aleksandrinskii, do qual se desligou em 1902, para criar sua própria trupe. Até 1904, repetindo o repertório que a consagrou no Teatro Imperial, realizou turnês com o objetivo de angariar fundos para a construção do seu próprio teatro. Ao se fixar em São Petersburgo tornou-se a coqueluche da juventude, cultivando uma reputação de não conformismo, não só pelo firme caráter nas decisões artísticas, mas também pelo envolvimento político durante o movimento grevista de 1905.

A atriz acreditava que o teatro simbolista seria o teatro do ator, do espírito livre, teatro no qual todo o exterior dependeria do interior[39], que lhe permitiria retornar à inocência perdida. Aspirava tornar seu novo teatro o palco do repertório simbolista, um teatro de poetas e supunha serem estas as intenções de Meierhold.

38 J. Guinsburg, op. cit., p. 37.
39 L. Freidkina, U Istokov Formalisma v Russkom Teatre (Nas Fontes do Formalismo no Teatro Russo), *Teatr*, n. 6, p. 69.

O novo edifício teatral na rua Ofiterskaia foi inteiramente reformado e decorado pelos pintores simbolistas Sapúnov e Sudéikin para a temporada de 1906-1907. O elenco reunia artistas que pertenciam ao Teatro Dramático Vera Komissarjévskaia, atores da Cia. do Drama Novo e ex-integrantes do Teatro-Estúdio, condição negociada por Meierhold.

Essa formação explicita a coexistência de diferentes tendências. De um lado, os jovens atores que apoiavam e admiravam o novo repertório e as ideias meierholdianas; de outro, os velhos atores acostumados a se sentir parte da trupe da grande Komissarjévskaia e a participar de um teatro que tinha propriedade e identidade unicamente na sua figura[40].

Mais uma vez, o caráter diverso da formação do elenco obriga Meierhold a tentar harmonizar os diferentes aparatos técnicos e os diferentes pontos de vista com relação à representação e ao teatro em geral. O problema do conjunto, identificado por ele nas últimas experiências teatrais que realiza, torna-se o foco dos seus esforços como diretor.

Inicialmente, antes da transferência para o novo teatro, Meierhold e Komissarjévskaia promoviam "sábados literários", na tentativa de aproximar o conjunto de atores dos poetas escolhidos. Porém, nas condições do teatro comercial, como se caracterizava o Teatro da Rua Ofitserskaia (que existia graças aos limitados recursos da atriz e dependia da sua produção para sobreviver), o principal era o resultado.

No seu artigo "Presságios Literários de um Novo Teatro", de 1906, Meierhold revelava quais eram os pressupostos da cena simbolista que idealizava: a obra de Maeterlinck como base para a criação de uma nova técnica, convencional por excelência. Este modelo dramatúrgico não mantém qualquer vínculo com a vida, e a categoria de *ação* é substituída pela de *situação*. É tirada do homem a possibilidade da situação gerar a ação, na medida em que a morte é a única representação do seu destino[41]. Em Maeterlinck, Meierhold encontra o princípio do seu *drama estático*, em que a ação é definida não como uma série de eventos externos, mas como um acontecimento

---

40 K. Rudnitsky, V Teatre na Ofitserskoii (No Teatro da Ofitserskaia), em L. D. Vendrovskaya; A. V. Fevralsku (orgs.), op. cit., p. 142.

41 P. Szondi, *Teoria do Drama Moderno – 1880-1950*, p. 70.

34 NA CENA DO DR. DAPERTUTTO

da alma da personagem, materializando-se nas pausas, nos silêncios e, principalmente, nas formas e nos movimentos plásticos[42].

Desse modelo dramatúrgico foram retirados os procedimentos que organizariam a expressão do ator, confirmando, temporariamente, sua premissa de que o novo teatro deveria surgir da literatura. A abordagem formal lhe era necessária,

em primeiro lugar, para domar a 'corporeidade' do ator, organizá-lo segundo as leis da arte, introduzir a nova matéria no sistema da "segunda realidade", torná-la comensurável com a decoração pictórica, a palavra literária e a música. Isto é, a convenção transformava-se, para Meierhold, no princípio da representação do ator[43].

No seu primeiro período no Teatro Dramático Vera Komissarjévskaia, o encenador alternou fracassos e sucessos. Na busca de resultados, Meierhold empreendeu uma luta no domínio das convenções cênicas, utilizando-as a serviço do espetáculo. A leitura cênica, nos moldes de um drama poético simbolista em *Hedda Gabler*, de H. Ibsen, as inovações do espaço propostas em *Na Cidade*, de S. Iuchkévitch, e a transformação da eterna luta entre o bem e o mal de *Contos Eternos*, de Przybyszewski, em um conto infantil, foram recebidas negativamente ou sem entusiasmo. Porém, as proposições do encenador alcançaram êxito com as encenações de *Irmã Beatriz*, de Maeterlinck, e *A Barraca de Feira*, de Aleksandr Blok, que apontaram novas abordagens em relação à cena e aos procedimentos técnicos do ator.

Irmã Beatriz tornou-se o primeiro espetáculo simbolista em palco russo. O enquadramento pictórico, a referência à arquitetura gótica, os coros, o movimento estruturado sobre uma base rítmica e o caráter musical da composição cênica, aliados à bem sucedida incorporação gestual e sensível de Vera Komissarjévskaia, concretizaram o ideário simbolista. Como afirma o filósofo Nikolai Berdiaeiv, este ideário deve ter sua vitalidade na evocação das nuances e variações da alma humana, no pro-

---

42 Ver infra, p. 214-216.
43 V. Tcherbakov, Po obie stroni maskii (Os Dois Lados da Máscara), *Teatr*, n. 1, p. 59.

ANTECEDENTES E MATRIZES OPERACIONAIS DA POÉTICA MEIERHOLDIANA 35

testo contra a vulgaridade burguesa e contra a total ausência de beleza da vida[44].

As encenações simbolistas de Meierhold transformaram radicalmente o palco cênico. Ora por meio da construção de uma área de ligação e aproximação entre plateia e cena, amadurecendo a teoria do proscênio de G. Fuchs com a localização da ação na boca de cena ou do estreitamento do palco cênico; ora via a exclusão e a violação pela ação do ator dos limites da decoração cênica; ora pela redução dos elementos do cenário ao mínimo necessário, em uma cenografia sugestiva da ação e conforme a simplicidade ritual das marcações.

Logo após o início da temporada, Meierhold constatou o despreparo do elenco para levar a termo as inovações pretendidas. Contava, com exceção da própria Komissarjévskaia, com atores jovens demais ou dotados exclusivamente do talento natural.

Ainda assim, na encenação se destacava uma nova abordagem ao trabalho do ator. A própria unidade da obra, alcançada pelo método de criação da estética simbolista (a estilização), apresentava-se como uma via de educação do ator. Meierhold descobriu um princípio criativo: o da composição cênica, da encenação, como um procedimento pedagógico[45]. Exigindo do ator a realização de novas tarefas, submeteu-o à imobilidade dos baixos-relevos, controlando sua natureza criativa e o seu temperamento, pretendendo que, na concretização de uma interpretação obediente do desenho externo proposto pelo diretor, o ator chegasse às motivações interiores.

O ator simbolista prenunciava o surgimento do ator moderno. O caminho empreendido por Meierhold, predominantemente visual e estilizado, revelava, no corpo estático do ator, ora um caráter pictórico, ora um caráter escultural. A recriminação da submissão do ator ao encenador, que o transformava em uma "marionete", não é infundada. Ao privar o ator do gesto vivo, realístico, ao impor uma entonação "artística", ao invés da entonação "lógica", Meierhold se distanciou da reprodução da vida na cena, concretizando o

---

44 Apud E. Braun, op. cit., p. 56.
45 I. M. Krasovskii, *Niekatorie Problem Tietralnoi* ..., p. 20.

36 NA CENA DO DR. DAPERTUTTO

princípio simbolista – "na arte, tudo não como na vida, mas como na super-vida"[46].

Mas foi, sem dúvida alguma, na dramaturgia de Aleksandr Blok, com a montagem de *A Barraca de Feira*, que Meierhold caminhou para além das questões estéticas presentes no simbolismo. Não houve uma ruptura do caminho trilhado, ao contrário, houve uma radicalização das concepções formuladas desde o Estúdio da Rua Povarskaia, e uma consequente ampliação do caráter experimental. A obra de Blok mostrava "uma mescla bem dosada, para os efeitos tragicômicos perseguidos pelo dramaturgo, entre dramaticidade simbolista e ludicidade farsesca" e apresentava "uma discussão e uma crítica de sua própria produção literário-dramática e a do teatro de Maeterlinck, bem como sobre os problemas entre o escrito e o encenado na linguagem teatral do simbolismo"[47].

O espetáculo surpreendeu ao subverter as propostas cênicas desenvolvidas até então. A ampliação do palco, a substituição dos elementos pictóricos por um dispositivo arquitetônico e a inclusão de um pequeno teatro de marionetes encontraram sua correspondência no dinamismo da movimentação cênica. As quebras abruptas do ritmo sugeriam uma ironização das poses, dilatando o imobilismo dos espetáculos anteriores e forjando uma estilização baseada na variação das nuanças, as quais remetiam a um mecanicismo grotesco.

A presença de Meierhold, desempenhando o personagem do Pierrô apoiado em uma voz sussurrada e na agilidade acrobática, oferecia, com seu talento mimético, um claro exemplo do que ele esperava do resto da Cia.

Para Angelo Maria Ripellino, a encenação de *A Barraca de Feira* inaugurou uma nova época no teatro russo, que seria dominada pelo demônio da *Commedia dell'arte* e pela aspiração de "desnudar a própria 'matéria', ironizá-la, brincar livremente com os próprios engenhos"[48].

A presença das máscaras da *Commedia dell'arte* revelou a parcialidade do princípio da "super-vida" do simbolismo, pois as máscaras encontram-se simultaneamente tanto fora da vida

46 V. Tcherbakov, op. cit., p. 59.
47 J. Guinsburg, op. cit., p. 48.
48 Op. cit., p. 114.

ANTECEDENTES E MATRIZES OPERACIONAIS DA POÉTICA MEIERHOLDIANA 37

como dentro dela, naquele ponto maravilhoso do espaço onde a realidade da vida transforma-se numa nova realidade, paralela à primeira, pertencente a ela, mas também independente dela – o palco teatral.

Na encenação de *A Barraca de Feira*, junto com a noção de teatralidade, transformou-se também a perspectiva do eixo da cena. Se até então a literatura e o domínio da plástica foram matrizes, começava a se definir, embora ainda sem um projeto elaborado, a fórmula proposta por Briússov de ser o teatro um acontecimento artístico, estético, que se realizava a partir do intérprete e não do texto.

Neste momento, os recursos pedagógicos de que Meierhold dispunha como encenador-pedagogo eram ainda "as conversações" e a submissão do caráter do ator à forma da encenação. As "conversações", nas quais o encenador expunha seu *plano*, foram, desde a Cia. do Drama Novo, um método ativo de educação, ensinando o ator a entender o que interpretava e educando-o a pensar por imagens. A ausência de um conjunto formado apenas por atores *inteligentes* obrigava o encenador a manter a integridade artística do espetáculo através da submissão do ator. Assim, Meierhold tomou para si a responsabilidade de construir "a ponte entre o espectador e o ator", dando "aos movimentos e às atitudes um desenho que ajude o espectador não somente a escutar as palavras proferidas, mas também a penetrar no interior, no segredo do diálogo"[49].

A temporada na Cia. Dramática Vera Komissarjévskaia evoluiu do encantamento a um desfecho conflituoso, em que desapareceram todos os laços de identidade inicial. Montagens como *A Tragédia do Amor*, *O Casamento de Zobeida* e *A Comédia do Amor* provaram que os procedimentos de linguagem encontrados não se aplicavam a toda dramaturgia simbolista. A turnê a Moscou em 1907 desencadeou conflitos internos que culminaram com a saída de um grupo de atores da Cia., insatisfeitos com a condução artística de Meierhold. Nem mesmo a boa receptividade do público à peça de Leonid Andrêiev, *A Vida de Homem*, em um segundo sucesso do diretor sem a participação da atriz, impediu o confronto final.

---

49 Ver infra, p. 228.

O Despertar da Primavera, de Wedekind, e, especialmente, a encenação de *Pelléas e Mélisande*, de Maeterlinck, e a *Vitória da Morte*, de F. Sologub, apressaram a cisão.

Em nenhum momento do decorrer do ano de 1907 desapareceu a iminência do conflito. Quer fosse pela recepção da crítica, pela autonomia criativa do diretor, pela inadequação da personagem à atriz ou da atriz a determinados personagens, ou pela inexistência de um conjunto que plasmasse os ideais da encenação, ou, ainda, pelo fracasso econômico. No nosso entender, foi principalmente o conflito das diferentes tradições teatrais que fez eclodir o projeto comum.

Ainda que Komissarjévskaia, como afirma o seu biógrafo I. Ribakov, não tivesse medo de se subordinar e reconhecesse a função do diretor do teatro, estava ligada aos princípios da velha teatralidade, em que o ator se situava sempre no primeiro plano e subordinava a composição da cena. A nova teatralidade, da qual Meierhold foi sem dúvida um dos principais construtores, sugeria uma inversão, uma outra forma de organização, em que "o espetáculo se tornou uma partitura onde ele [o ator] devia se inscrever – ou melhor, inscrever esta partitura no seu próprio corpo"[50]. A cisão entre o ator e o encenador demonstrava, como afirma Bernard Dort, que "o ator moderno nasceu de uma derrota".

Entretanto, o que se inaugurava era uma nova tradição. V. Meierhold, na Cia. Dramática Vera Komissarjévskaia, estava apenas começando o primeiro ciclo de pesquisas no domínio do novo teatro, em que a supremacia da cena se afirmava, para ele, *como absolutamente obrigatória*. Construía-se, assim, via encenação, a integridade artística de todo o espetáculo.

O principal aprendizado do primeiro ciclo, na visão do próprio Meierhold, foram os aspectos da composição cênica[51]. A convenção como procedimento básico, o amadurecimento do caráter plástico da cena (que vai do pictórico para o estatuário, do espaço bidimensional ao tridimensional), a ampliação do conceito de drama (que deveria readquirir a unidade perdida e a capacidade de mover-se da tragédia à comédia, do mistério ao conto popular, do mito à opinião pública),

50 B. Dort, *Théâtre en Jeu*, p. 219.
51 Ver infra, p. 230-231.

conduziram-no a buscar uma técnica de atuação simplificada, que assegurasse a unidade do conjunto da obra.

Como podemos apreender de seu artigo "Primeiras Tentativas de Criação de um Teatro de Convenção"[52], há uma relação orgânica entre o processo de criação da cena e o ator. Ao propor uma nova prática como encenador, Meierhold colocou-os sob a regência dos mesmos princípios. Refez uma hierarquia secular, que era baseada principalmente na figura do dramaturgo. No seu projeto de um teatro de Convenção, Meierhold propôs graficamente outra organização das funções na criação teatral: a linha reta horizontal. Criou uma estrutura em que todos são proponentes, em um processo de assimilação e provocação contínua: do autor para o encenador, deste para o ator e, finalmente, do ator para o espectador, acentuando assim a ação recíproca dos dois elementos fundamentais do teatro – comediante e espectador.

Se o percurso artístico empreendido por Meierhold apresenta ainda hoje uma série de contradições, que exige um olhar sem fronteiras teóricas muito- estreitas, podemos imaginar o choque das suas ideias junto aos seus contemporâneos. Como afirma A. Gladkov "nós sabemos agora que ele era Meierhold, para nós isso é suficiente. Mas para os seus contemporâneos, nos primeiros anos, isso era muito mais difícil"[53].

---

52 Ver infra, p. 218-231.
53 A. Gladkov, *Meierhold 1 i Meierhold 2*, v. 1,p. 98.

2. Paradigmas para a Arte da Encenação e do Ator

> *É necessário que a semente morra,*
> *para converter-se em fruto.*
>
> JOÃO 12, 24

ANTECEDENTES AO PROBLEMA DA CONVENÇÃO

Octavio Paz define a época moderna como aquela que exalta a mudança e a transforma em seu fundamento, caracterizando-a como a idade crítica, nascida da negação. Para ele, esta época, que se iniciou gradualmente no século XVIII, tem a noção de sensibilidade como eixo das transformações. Noção esta que, no movimento romântico, foi alçada a uma nova potência, representando a oposição do "genuíno ante o artificial, o simples diante do complexo, a originalidade real diante da falsa novidade"[1].

O culto à sensibilidade fez emergir a oposição entre natureza e artifício, que se delineia claramente no teatro e no trabalho do ator desde as primeiras décadas do século XVIII. Documentos do início desse século, como o tratado *Dissertatio de actione scenica*, de Francisco Lang, e *Dell'Arte reppresentativa*, escritos do grande ator da *Commedia dell'Arte* Luigi Riccoboni, podem ser considerados como as primeiras tentativas de formular uma

---

1 O. Paz, *Os Filhos do Barro*, p. 5.

base técnica para a expressão do ator. O eixo dessas ideias é a afirmação de que a arte da representação só é possível quando o ator vivenciou os sentimentos que deseja provocar.

No entanto, já no meio do século XVIII, Francesco Riccoboni, em *L'Art du théâtre*, contrapunha-se às ideias do pai, propondo a inteligência e a análise como os atributos necessários para a construção da personagem, por serem, inclusive, instrumentos de controle do sentimento[2].

No decorrer dos séculos XVIII e XIX apareceram, cada vez mais, os sinais da exigência de uma naturalidade na representação, de um estado cênico baseado no sentimento. Em oposição, ampliou-se a noção do artificialismo que a cena era capaz de produzir, especialmente com o advento da luz elétrica e as transformações técnicas do palco. Do filósofo francês Diderot ao dramaturgo alemão Lessing, das atrizes francesas Mlle Clairon a Mlle Dumesnil, do ator inglês Irving aos atores italianos Salvini e Rossi, o olhar sobre o ator oscilava entre o sentimento e a técnica, entre o natural e o artificial, em tentativas de situar a construção artística ora de um lado, ora de outro.

Peter Szondi afirma que a forma do drama, no desenvolvimento do texto teatral, apareceu no Renascimento, ou seja, como parte do surgimento da época moderna. O drama se caracterizou pela concentração das relações inter-humanas, adquirindo um caráter *absoluto*, desligado de tudo que lhe é externo. Esta cisão se estendeu a todos os aspectos do teatro, pois no drama, como afirma Szondi, o dramaturgo está ausente, o espectador apenas assiste e o espaço cênico criado pelo próprio espetáculo é construído em um palco *mágico* – a cena italiana, adequada ao caráter absoluto do drama. E, finalmente, o "ator e a personagem têm de unir-se, constituindo o homem dramático"[3].

No bojo da tradição dramática se constitui a tradição de sacralização do texto, nomeado por Jean Jacques Roubine de *textocentrismo*, e, nesse sentido, o teatro "não escapará mais

---

2 L. Guriévitch, *Tvortchestvo Aktiora. O prirode tvortcheskikh perejivanii aktiora na stsiene* (*A Arte do Ator. Sobre a Natureza das Vivências Artísticas do Ator em Cena*), p. 8-10.

3 *Teoria do Drama Moderno* (*1880-1950*), p. 30-31.

de uma hierarquização das competências, em cujo topo ficarão o autor e a vedete"[4].

No século XIX surgiu o drama moderno ou, como propõe Szondi, explodiu a *crise do drama*. A diversidade no tratamento dramatúrgico revela, no interior da própria obra, o debate conflituoso com a tradição. Em sincronia com o advento da encenação como arte autônoma, a afirmação do drama moderno não determinou o fim do *textocentrismo*. Ao contrário, para os primeiros encenadores[5], responsáveis pela montagem dos novos dramas, o espetáculo teatral articulava-se a partir e em torno de um texto.

Mas a afirmação no teatro da figura do encenador gerou uma crescente revolução na hierarquia teatral. A assinatura do espetáculo criou um sentido global, uma concepção abrangente a todos os elementos da encenação. Pois, na medida em que a encenação "proclama a subordinação de cada arte ou simplesmente de cada signo a um todo harmoniosamente controlado por um pensamento unificador"[6], o debate sobre a natureza do teatro situa-se também sob esse domínio, e faz emergir o problema da convenção cênica. No cerne do conceito de convenção está a oposição entre natureza e artifício, que se aprofunda progressivamente na época moderna. O advento da encenação atingiu todos os aspectos da cena, que perdeu o seu caráter pendular – do ator ao texto ou do texto ao ator.

Diferentes perspectivas sobre a convenção teatral podem ser identificadas, desde as inovações propostas pelo Duque de Saxe-Meiningen, até a renovação naturalista pretendida por André Antoine. Essas abordagens coincidiam no tratamento realista da cena e revelavam, resguardadas as diferenças, o nascimento de uma ambição mimética. Ainda que as experiências do Duque de Meiningen tenham sido precursoras do

---

4 *A Linguagem da Encenação Teatral,* p. 44.
5 Como afirma Yan Michalski no texto de Apresentação de *A Linguagem da Encenação Teatral,* o termo *encenador* é defendido por Roubine como mais apropriado por conter implicitamente "o resultado da elaboração criativa de uma linguagem expressiva autônoma" (p. 14), o que o termo *diretor* não pressupõe. Para nós, há um aprimoramento da ideia de encenação e uma ampliação da noção de sentido que a encenação é capaz de extrair da cena. A própria trajetória das encenações meierholdianas evidencia as transformações que a função do encenador sofreu.
6 P. Pavis, *Dicionário de Teatro,* p. 123.

44   NA CENA DO DR. DAPERTUTTO

surgimento da figura do diretor, é incontestável a atribuição de primeiro encenador moderno a Antoine. Para além da unidade da cena, ele denunciou "todas as convenções forjadas e depois usadas [...] por gerações de atores formados dentro de uma certa retórica do palco, quer dizer, dentro de uma prática estratificada pelo respeito a uma tradição"[7]. Ou seja, Antoine deu início a um processo no qual a ruptura surgiu como forma privilegiada de mudança, em que cada nova proposta estética aspirava à substituição de uma tradição por outra.

Antoine, em seu texto "Atrás da Quarta Parede", apresenta os principais problemas da realização cênica. Para ele, a profissão de encenador deveria se afirmar como arte, pois sua prática se restringe ao campo artístico. Caberia ao encenador assegurar a construção de uma cenografia que reproduzisse uma paisagem (ou o interior de um ambiente) e objetos decorativos, criando assim uma atmosfera de intimidade que tornaria a presença do ator "mais humana, mais intensa e mais viva nas atitudes e gestos"[8]. Reconhece, porém, que no trabalho do ator encontra-se o núcleo de todas as resistências, pois "nos deram estátuas e necessitamos de seres humanos"[9]. Sua crítica se estende ao aparato técnico de que dispunham os atores, limitado à voz e à face. Propõe ao ator a utilização de outros recursos expressivos, como o movimento (que incluiria pés, espaldas e mãos) e que não enfatizasse a palavra; a sujeição da sua personalidade – ocultando-se atrás da personagem, para não romper a continuidade dramática; e, finalmente, que compreendesse o movimento próprio a cada cena e sua subordinação ao movimento geral da obra. Antoine expressa ainda seu desejo de renovação das obras clássicas por meio da reconstrução histórica.

As recusas às aspirações naturalistas de Antoine encontraram como melhor representante o crítico Francisque Sarcey. Ao relatar a fundação do Théâtre Libre, em 1887, Sarcey elogia Antoine por sua curiosa escolha do repertório, além da inteligente encenação que reunia qualidades de "observação, ima-

---

7   J.-J. Roubine, op. cit., p. 26.
8   Detrás de la Cuarta Pared, em S. Jiménez; E. Ceballos (orgs.), *Técnicas y Teorías de la Dirección Escénica*, p. 133.
9   Idem, ibidem.

ginação e estilo"[10]. No entanto, considera que estas qualidades não são de ordem dramática. No centro da discórdia encontra-se a noção de dramático e a transposição para o palco de uma verdade que, para Sarcey, não se acomoda à ótica do teatro, pois não está baseada na convenção cênica.

Todavia, a perspectiva de F. Sarcey da convenção não se dirigia aos aspectos estéticos e poéticos da cena. Para ele, a convenção era um meio de revelar a "realidade nos seus detalhes pitorescos"[11], fundamentando-se no "sentimento de convenção", que se contrapunha ao "verdadeiro sentimento do coração humano"[12] almejado pelos naturalistas. Ainda que considerasse a originalidade de um teatro "que refaz o novo com o velho", não reconhecia, no grito de guerra do Théâtre Libre contra a convenção, a mudança da noção de teatralidade. Não compreendia que a busca pelo mais verdadeiro conduzia a algo novo, a *teatralidade do real.*

O problema da convenção ganhou, a partir do final do século XIX, um outro patamar, extrapolando seu caráter normativo e se inserindo no contexto da problematização dos procedimentos artísticos.

ALGUNS PARADIGMAS DA ENCENAÇÃO MEIERHOLDIANA

O final da relação entre Meierhold e Komissarjévskaia, ainda que tenha colocado o encenador em uma situação humilhante e desesperadora, permitiu a ele "a descoberta de um modo de apreensão da realidade estética, uma chave da criação artística"[13]. No artigo "Considerações Sobre História e Técnica do Teatro", publicado ao final de 1907, Meierhold empreendeu um trabalho de reflexão sobre os caminhos percorridos até então, que abrangia cinco temas distintos, mas complementares.

---

10   Antoine et le Théâtre-Libre, *Quarente ans de théâtre*, v. VIII.
11   Idem, p. 249.
12   Les Sentiments de convention, *Quarente ans de théâtre*, v. I.
13   G. Abensour, *Vsevolod Meyerhold ou l' invention de la mise-en-scène*, p. 160.

46 NA CENA DO DR. DAPERTUTTO

Inicialmente, no trecho denominado "O Teatro-Estúdio", Meierhold reafirma os pressupostos artísticos que orientavam a prática cênica do Estúdio da Rua Povarskaia. A segunda parte, "Teatro Naturalista e Teatro de Estados d'Alma", é dedicada ao debate crítico do projeto artístico do Teatro de Arte de Moscou, através da diferenciação entre o que denomina teatro naturalista e teatro de estados d'alma. Em "Presságios Literários do Novo Teatro", o autor avalia a relação entre a produção literária e a cena, e aponta as tendências de renovação literária como orientadoras do caminho a ser traçado pelo teatro. A seguir, em "Primeiras Tentativas de Criação de um Teatro de Convenção", retoma o projeto de criação de um teatro de Convenção, cujas bases seriam definidas a partir do modelo proposto por Maurice Maeterlinck. No último trecho, "Teatro de Convenção", apresenta alguns dos procedimentos para a criação do novo teatro, identificando suas fontes nas antigas tradições teatrais.

No conjunto deste longo artigo, o conceito de estilização salta aos olhos como o principal procedimento eleito pelo encenador – que assim o definiu, em 1907:

Não entendo por "estilização" a reprodução exata do estilo de uma determinada época ou acontecimento, como faz o fotógrafo em suas fotos. Para mim, o conceito de estilização está indissoluvelmente ligado à ideia de convenção, de generalização e de símbolo. "Estilizar" uma época ou um fato significa dar, através de todos os meios de expressão, a síntese interior dessa época ou desse fato, reproduzir os traços específicos ocultos de uma obra de arte[14].

Os meios técnicos sobre os quais a convenção se estruturava na cena meierholdiana se transformariam no decorrer dos anos seguintes. Inicialmente, o modelo literário do teatro imóvel proposto por Maeterlinck foi o modelo de convenção do encenador, pois exigia uma técnica que considere "o movimento uma música plástica, como desenho exterior de uma vivência" e que prefere o "gesto estático e a economia do movimento"[15].

14 Ver infra, n. 15, p. 191.
15 Idem, p. 215.

A *convenção consciente* como método artístico de criação, proposta por Briússov, introduziu uma divisão fundamental na organização do pensamento meierholdiano: de um lado, os artistas criadores de uma arte permanente (poetas, escultores, pintores e compositores) e, de outro, os de quem é exigido retomar sua obra para torná-la acessível (atores, encenadores, músicos, dançarinos). O problema da convenção em Meierhold oscilou nestes dois campos: o da composição da obra e o da execução.

No artigo "História e Técnica do Teatro" foram apontadas algumas premissas da cena convencional, tais como: a remoção da ribalta, o poder expressivo do ritmo na dicção e no movimento, os direitos do encenador de interpretar o texto, a participação do espectador no ato criativo e, acima de tudo, o fim da cena ilusionista e a elevação da teatralidade[16].

No entanto, um aspecto teórico novo orientou essas transformações: a crescente tendência de retorno às fontes teatrais antigas, em que o espetáculo *A Barraca de Feira* (*Balagántchik*) pode ser considerado um marco. As mudanças do pensamento modernista, identificadas a partir de 1906, geraram uma renovação, e a busca de novas formas foi substituída pela busca dos elementos eternos do teatro[17]. O paradoxo desta aproximação, para K. Rudnitski[18], foi que ela aconteceu ao mesmo tempo em que a cena russa, de forma espontânea, se aproximou também da realidade russa. Ou seja, o retorno ao passado foi um instrumento para a reflexão do presente e, concomitantemente, de construção do futuro.

A ENCENAÇÃO CONVENCIONAL: O DRAMA MUSICAL E MOLIÈRE

A partir do seu desligamento da Cia. Dramática Vera Komissarjévskaia, Meierhold iniciou um período em que conjugou uma atividade teatral oficial, como diretor dos Teatros Imperiais de

---

16 E. Braun, *Meyerhold – A Revolution in Theatre*, p. 74.
17 I. Guerassimov, Krizis Modernistskoi Teatralnoi Misli v Rossii 1907-1917 (A Crise no Pensamento Modernista na Rússia 1907-1917), *Teatr i Dramaturguia*, p. 202- 244.
18 K. Rudnitsky, *Russkoe Rejissiorskoe Iskusstvo, 1908-1917* (*A Arte Russa da Direção, 1908-1917*), p. 33.

São Petersburgo a convite de Vladimir Teliakovski, e uma atividade paralela, de caráter experimental, com incursões em uma prática pedagógica.

De 1908 a 1917 a produção de Meierhold como encenador dos Teatros Imperiais baseou-se em duas vertentes: a primeira, o drama musical, a ópera, que pelo seu caráter convencional permitia formular alguns paradigmas para a composição da obra cênica; a segunda, a formação de um repertório composto de obras da dramaturgia antiga, que correspondia aos anseios programáticos do movimento modernista de retorno às tradições.

Meierhold encenou, em outubro de 1909, no Teatro Mairinskii, a ópera de Richard Wagner, *Tristão e Isolda*, que pode ser considerado o espetáculo exemplar da sua concepção de drama musical. A colaboração entre Meierhold e o cenógrafo Alexandre Golovin, ao assumir o posto nos Teatros Imperiais, perdurou por vários anos e concretizou a fusão pretendida entre as duas funções, pois, como afirmava, a intervenção direta do encenador na cenografia era a plenitude da criação e não se deveria agir "como um amante que no primeiro beijo ardente está pensando como não estragar o penteado da dama do seu coração"[19].

No seu artigo "A Encenação de Tristão e Isolda no Teatro Mairinskii" encontramos os principais elementos de reflexão do encenador sobre a composição cênica da ópera. Partindo do pressuposto de que "há uma convenção na base da arte lírica – *canta-se*", a encenação deveria impedir que o espectador se perguntasse por que "*nesse drama os atores cantam ao invés de falar*"[20].

A influência de Richard Wagner na Rússia se fez sentir desde o início do século, na medida em que o desenvolvimento da arte da encenação aprofundou a unidade do espetáculo, pressupondo uma relação de interdependência entre todos os seus componentes. O diálogo com as artes intermediárias foi consciente e constituiu o problema principal da criação[21], e nenhum grande homem de teatro do século xx escapou do confronto com as teorias de Wagner[22].

---

19 Publikatzii, *Teatr*, n. 3.
20 Ver infra, p. 240. Grifo do autor.
21 N. Tarchis, Rejisseina i Mus' ka, *Mus'ka i Spiktakli* (Direção e Música, *Música e Espetáculo*), p. 24.
22 D. Bablet, Adolphe Appia – art, révolte et utopie, em *Adolphe Apia – Oeuvres Complètes*, v. i, p. 11.

No final da primeira década do século, a música surgiu para Meierhold como modelo máximo de produção artística, por ser capaz de "revelar o mundo da Alma em toda a sua plenitude" e concretizar "a imagem desta criação através da *palavra* e do *tom*"[23]. Seu conhecimento dos escritos de Wagner datava do início do século, mas sua perspectiva sobre a obra wagneriana encontrou apoio teórico a partir das ideias de Adolphe Appia, expressas no livro *A Música e a Encenação*.

A partir da música, esboçou-se, para Meierhold, uma concepção espetacular do drama. O encenador compreendeu que a composição cênica se realizava no tempo – por meio das imagens produzidas pela palavra, pelo tom, ou seja, pela partitura dramatúrgica – e no espaço – pelo desenho do corpo do ator, dos volumes, da luz, dos telões e objetos, ou seja, da visibilidade da encenação.

Como para Wagner, a base da obra era a ação dramática, que ganhou visibilidade ao poder ser compreendida na ação coreográfica do ator. E, ao modificar o conceito de ação dramática, o espaço arquitetônico emergiu como ideal, visto que correspondia, como almejava Wagner, à imagem viva do homem. O problema dos planos, a recusa da escultura e da pintura, a valorização das linhas e das cores e a iluminação eram aspectos que Meierhold considerava inovadores no pensamento wagneriano, e que transformaram o seu próprio conceito de encenação.

O uso de praticáveis, criando diferentes relevos na cena, surgiu como um instrumento eficaz contra a ilusão do espectador, por serem concretos e tangíveis e permitirem a superação dos obstáculos que os limites do palco italiano impunham. Embora reconhecesse que a criação da "cena-relevo" não era um fim em si mesma, e sim uma via de construção da ação dramática, Meierhold demonstrava total encantamento com as possibilidades arquitetônicas da cena e defendia que no encenador deveriam coabitar as capacidades de escultor e as de arquiteto.

A integridade do drama musical, temporal e espacial, permitiu que Meierhold entendesse a complexidade da composição cênica e as tarefas que o encenador deveria cumprir para o

---

23   Ver infra, p. 243. Grifos do autor.

domínio de todos os aspectos da cena. Apesar de reconhecer a necessidade de colocar em primeiro plano a iniciativa criativa do ator, este deveria dialogar com as "artes permanentes", pois "não é o único elemento que faz a ponte entre o poeta e o público. Aqui, ele é apenas um dos meios de expressão, nem mais nem menos importante que todos os outros, e é por isso que ele precisa saber tomar seu lugar entre os meios de expressão"[24].

A encenação de *Don Juan*, de Molière, no Teatro Imperial Aleksandrinskii, em 1910, sintetizou a outra vertente deste período: o retorno às tradições. A presença de Meierhold nos quadros do tradicional teatro deu continuidade à interminável polêmica acerca do poder do encenador e ao confronto inevitável entre as diferentes tradições teatrais.

O teatro dramático imperial caracterizava-se por um repertório vazio, sem princípios, contando com um grupo de atores veteranos liderados por diretores que, como Maria Savina, apesar de terem passado pelo TAM e copiarem as montagens do teatro moscovita, não conseguiam criar sequer uma ideia de conjunto[25]. Em relatório assinado de punho próprio, em 1910, Meierhold sugeria o fim da variedade artística e de roteiros heterogêneos que, ao invés de denotarem uma diversificação das influências literárias, estéticas e históricas, impediam o teatro de formar um repertório baseado na qualidade, que aliasse à dramaturgia antiga as novas tendências da literatura dramática. Para amenizar a falta de autonomia dos diretores na escolha das montagens, Meierhold propunha a divisão dos trabalhos a partir da sugestão de cada um e dos textos que desejavam representar.

Mas, para além das questões de repertório e de projeto artístico, Meierhold, que se encontrava em um dos berços do velho teatro, deparou-se, pela primeira vez, com a total ausência de parceiros artísticos. André Petróvski, ator do Teatro Imperial, relatou a forma hostil com que Meierhold foi recebido, seu nervosismo inicial e sua estranheza ao ambiente, que se refletiu nas suas primeiras encenações[26]. Os

---

24 Idem, p. 247.

25 I. Berezark, Meierhóldovskoie "Nasliédiie" vi Leningrádskikh Teátrakh (A Herança de Meierhold nos Teatros de Lenigrado), *Teatr*, n. 3, p. 111.

26 Em *V. E. Meierhold. K 20 letiiu Rejissiorskoi i 25 lietiiu Aktiorskoi Dieiatelnosti* (*V. E. Meierhold- Em Comemoração a Vinte Anos de Direção e 25 Anos de Atuação*), Tver, Oktiabr.

ensaios se realizavam em uma atmosfera baixa, no sentido artístico e disciplinar, agravados pela difícil questão da adequação dos atores aos personagens, já enfrentada nas experiências anteriores.

Meierhold distinguia claramente a noção tradicional de *papel*[27], em que o ator preenchia os requisitos da personagem, a partir das suas capacidades naturais e individuais, e a representação convencional do *papel*, moldada como uma *generalização*, como *símbolo* dos *traços específicos*[28], em que o talento natural de cada ator servia somente de inspiração para a sua realização.

A renovação cênica presente na montagem da obra de Molière estava intrínseca nas experiências que Meierhold vinha desenvolvendo em atividades paralelas. Como veremos adiante, nelas Meierhold encontrou uma nova identidade artística, e ampliou o aparato técnico da cena ao superar de forma concreta os limites do palco italiano, pela exigência de economia e de síntese que demonstravam os pequenos espaços em que trabalhava.

Entretanto, para além da grandiosidade da encenação, o espetáculo de *Don Juan* denotava o amadurecimento de Meierhold na regência do conjunto da cena, superando inclusive a ausência de identificação do elenco com o projeto artístico que o encenador idealizava. Fugindo da recuperação histórica e sem recorrer à máscara tradicional, a cena era construída de acordo com os princípios do teatro de máscara. Estas serviam como um guia de estilo para a atuação dos atores, pois exigia, além da palavra, a expressão do gesto e do movimento.

Apesar da crítica desfavorável ao espetáculo, o crítico Benois identificava com precisão as referências da montagem: para ele, o "balé no Alexandrínskii" foi "um *balagan*, sofisticado". Ou seja, a recriação meierholdiana da obra se organizava como uma partitura cênica semelhante a um balé e seus traços, de uma comédia popular, não impediam a rigorosa formalização da encenação.

No século xx, a noção de partitura cênica,

---

27 O idioma russo utiliza a palavra francesa *emploi*.
28 Termos que utiliza para definir a ideia de convenção.

52 NA CENA DO DR. DAPERTUTTO

tomada de empréstimo à música, revela de qualquer modo a complexidade do teatro no que diz respeito a uma arte notável, técnica, repetitiva e ligada à imaginação. Aplicado ao ator e à encenação, o uso da partitura permanece amiúde metafórico, o que não exclui um certo rigor, já que com ela se espera dar uma base tangível à reflexão sobre o ator[29].

Meierhold não se referia explicitamente à noção de partitura, mas consideramos que o conceito está, implicitamente, contido na ideia de organização dos *movimentos plásticos*, que foi amadurecida neste período. Desde a criação de *jogos dançantes*, que marcaram as sequências coreográficas de *Irmã Beatriz*, a dança foi vista por ele como um meio técnico fundamental já que, ao se basear no corpo humano como material de expressão, demonstrava uma força para além da palavra. Na montagem da obra de Maeterlinck surgiu a proposição de uma plástica que não correspondesse às palavras, construída pelo encenador por meio das marcações dos movimentos e atitudes dos atores, dando início à ideia de pantomima cênica – que se estruturava, no caso da ópera, a partir da partitura musical. É neste período que o encenador funda a noção de uma escritura cênica baseada no roteiro de ações sobre o qual se desenvolvia o drama.

Nas montagens de *Tristão e Isolda* e de *Don Juan*, V. Meierhold desenvolveu com maestria e rigor a composição da cena, descobrindo o papel estruturador da música e transformando a convenção em um procedimento seguro em direção ao teatro do futuro. Pois, como afirma Patrice Pavis, a convenção é o "conjunto de pressupostos ideológicos e estéticos, explícitos ou implícitos, que permitem ao espectador receber o jogo do ator e a representação"[30].

Ao fim dos primeiros dez anos do século, Meierhold foi parte integrante da eclosão de uma geração de encenadores que confiaram a cenografia ao artista plástico, reduzindo o seu caráter decorativo, e iniciaram um processo de relativização do papel do texto, abrindo campo para os elementos extra-

---

29 P. Pavis, Anthologie portative de la partition, de Stanislavski a Wilson, *Degrès. La Dramaturgie de l'actrice*, n. 97-99, p. 36.
30 *Dicionário de Teatro*, p. 71.

textuais – luz, cenografia, gestos, silêncios etc. Asseguraram também um novo papel ao ator, a partir da ampliação da sua expressão cênica e, sem dúvida alguma, optaram por explicitar na cena o cunho teatral, artificial, inerente à linguagem artística.

A Experimentação Convencional: Cabaré, Pantomimas etc.

A manutenção de uma "vida artística paralela", no período de 1908 a 1917, foi a solução encontrada por Meierhold para conjugar a necessidade de sobrevivência e o trabalho experimental que não encontrava espaço nos teatros tradicionais. A *vida dupla* foi gerada por uma necessidade artística que só encontrou condições para se desenvolver de forma unificada depois da Revolução de 1917.

A vida cultural russa mantinha sua efervescência e fazia surgir, incessantemente, grupos de artistas dispostos a renovar a arte no país. O gênero *cabaré* apareceu como uma alternativa às formas artísticas estabelecidas, pois sua agilidade e a ausência de regras de uma tradição, que não estava submetida às leis estéticas existentes[31], permitia captar a realidade sem fixá-la. A alternância de estilos – do lírico ao cômico, do ingênuo ao refinado, do sério ao bem humorado –, em uma coexistência de formas contraditórias, transformava o cabaré num espaço de sobrevivência da cultura popular em que os *insights* eram um meio de criação, e a ruptura um mecanismo de superação das tradições.

O primeiro teatro-cabaré reuniu um grupo de artistas como A. Rêmizov, M. Kuzmin, M. Fokine, L. Bakst, A. Golóvin, entre outros, sob o comando do próprio Meierhold que, entusiasticamente, discutia o repertório, a formação dos espetáculos etc.

---

31 L. E. Tikhvinskaia, Intermiediia doktora Dapertutto (Intermédio do Doutor Dapertutto) *Teatr*, n. 3, p. 120.

Petrúchka, *desenho do cenário*
de M. Dobuzhinskii, 1908. Cabaré Baía

Batizado de Baía (Lukmoriu), seu programa continha um "Prólogo", de A. Avertchenko, uma paródia dos pronunciamentos de abertura, e uma encenação da obra de Edgar Allan Poe, *A Casa de Usher*, baseada na técnica do teatro imóvel. Emendava-se, ao final, a representação com bonecos e marionetes do popular *Petrúchka*, adaptada por P. Potiómkin; e, ainda, a paródia sobre as técnicas de estilo romântico de F. Sologub, *Honra e Vingança*, e a bufonada *Black and White*, de P. Potiómkin, e Guibchman, além de um número musical. Diante do fracasso, duas semanas depois, Meierhold fez pequenas modificações no programa que, como o primeiro, não obteve êxito.

Honra e Vingança, *desenho de figurino*
de I. Bilibin, 1908. Cabaré Baía

PARADIGMAS PARA A ARTE DA ENCENAÇÃO E DO ATOR 55

Apesar de o cabaré possibilitar a exploração de uma tecnologia nova, a das pequenas formas cênicas, Meierhold abordou a montagem do *teatrinho* com o costumeiro aparato teatral, que mostrou ser, no cabaré, demasiado complexo e pesado. A proximidade da plateia e o procedimento do imobilismo da cena simbolista produziam o efeito de uma convenção inapropriada, pois as novas técnicas do teatro simbolista e as refinadíssimas estilizações da representação de feira popular, transpostos diretamente do grande palco, inesperadamente começavam cheirar à bem velha teatralidade. O grupo de atores, fiéis seguidores do encenador, como as atrizes Valentina Vereg(u)ina e Ekaterina Munt, desconhecia as necessidades da pequena cena e, resguardado o talento cômico individual do ator Konstantin Varlámov, do Teatro Aleksandrínski, as apresentações foram um fracasso – com exceção da bufonada *Black and White*, que manteve apresentações periódicas em outros cabarés até 1913/1914.

O cabaré Baía demonstrou a impossibilidade da transposição mecânica dos procedimentos cênicos, pois exigia a simplificação do aparato técnico e, consequentemente, outro sistema de composição cênica e de atuação. O fim do Baía não interrompeu completamente as atividades experimentais do encenador, como atestou a apresentação de *A Devoção da Cruz*, de Calderón de la Barca, no Teatro-Torre, espaço ocupado pelo grupo simbolista de São Petersburgo, liderado por Viatcheslav Ivánov.

Todavia, apesar do firme propósito de continuar com a experiência em outro lugar, a criação de um teatro-cabaré aconteceu somente dois anos mais tarde, em outubro de 1910, com A Casa dos Entreatos, "uma espécie de clube artístico para o qual levariam os seus vivos impulsos criativos, em que quase não haveria distância entre a discussão criativa e a experimentação artística"[32].

A Casa dos Entreatos foi inaugurada com a pastoral *Lisa, a Holandesa*, seguindo pelo *balagan* trágico *A Echarpe de Colombina*, de Schnitzler-Dohnányi, e a reedição da bufonada *Black and White*, entremeados com canções do poeta M. Kuzmin.

A simultaneidade com que realizou a pantomima de *A Echarpe de Colombina* e o espetáculo *Don Juan*, tendo o primeiro estreado um mês antes, comprovou que a liberdade de

---

32 Idem, ibidem.

experimentação na Casa dos Entreatos permitiu ao encenador uma espécie de *ensaio geral* da concepção cênica que desenvolveria no espetáculo de Molière.

Dois aspectos são de fundamental importância no que se refere à constituição de uma nova linguagem no espaço do cabaré. O primeiro diz respeito à inexperiência dos atores envolvidos na pantomima de Schnitzler-Dohnányi. Os jovens atores recém-formados compensavam a carência de técnica com uma disponibilidade e maleabilidade para seguir a partitura rígida proposta por Meierhold, resultando numa assimilação inédita entre os atores e o encenador.

O aspecto mais importante, porém, foi a radical exclusão da palavra como meio expressivo, sendo o enredo desvendado pelos movimentos, em absoluto silêncio, a fim de extrair do drama uma expressividade concentrada, por meio da partitura plástica. Revelou-se ali, concretamente, um meio para alcançar a almejada teatralidade, qual seja, aquela que não se apoiava na ressurreição de uma tradição antiga, mas que se apropriava dos seus princípios para "dizer claramente ao público que tudo o que se passa diante dele é uma representação, que tudo o que é mostrado não é real, não é verdadeiro, e cabe a ele [público], através da representação, encontrar aquela verdade interna que pode estar contida na obra"[33].

Para L. Tikhvinskaia, *A Echarpe de Colombina* não era apenas a continuação do simbolismo e a transformação de seus temas, mas também a sua superação, na medida em que libertava a cena meierholdiana da estilização estática. Constituía-se uma complexa construção de sentidos, que ora se apoiava na poesia lírica e nos seus sentimentos elevados, ora nas máscaras grotescas, deformadas, de onde emergia o artificial, o absurdo, o horror do mundo.

Fatos como a descoberta da primazia do movimento, a expressividade das máscaras, a unificação da convenção visual entre palco e sala, a leitura da obra dramatúrgica pelo encenador mediante a construção do seu sentido simbólico, conduziram Meierhold a desvendar a liberdade do jogo cênico, de

---

33 Indicação de Meierhold para os atores da pantomima, depoimento do ator E. A. Znosko-Boróvskii, em V. Tcherbakov, Po obie stroni maskii (Os Dois Lados da Máscara), *Teatr*, n. 1, p. 63.

onde poderia emergir a autossuficiência do palco, aquela que iguala todos os criadores.

O PROCESSO DE ESPELHAMENTO

A prática cênica meierholdiana caminhou paralelamente ao amadurecimento de suas formulações teóricas. Podemos considerar *Sobre o Teatro*, escrito por V. E. Meierhold em 1912, como o primeiro livro escrito por um encenador na história do teatro russo, e um testemunho exemplar da perspectiva estética de um artista, pois abordava, ainda que de forma não sistemática, temas recorrentes no teatro meierholdiano. O livro reunia artigos, alguns inéditos e outros já publicados em jornais, que retratavam, como afirmou o autor no prefácio: "a evolução das minhas ideias sobre a essência do teatro, estreitamente ligadas a meus trabalhos de encenação durante o período de 1905-1912"[34].

O conjunto da publicação demonstra que um aspecto se manteve imutável nesses anos: a luta contra o naturalismo, que teve como símbolo máximo, na vida cultural russa e no Teatro de Arte de Moscou. No artigo "O Teatro de Feira", Meierhold anunciou as bases do seu projeto estético e poético, confrontando-o com o modelo praticado pelo teatro naturalista e defendido publicamente pelo crítico, cenógrafo e diretor de teatro, Benois[35].

Meierhold recorreu à história do teatro para construir suas ideias de renovação da cena. Do drama antigo a Molière, do teatro de feira a Wagner, da *Commedia dell'Arte* a Púschkin, o encenador recuperou aspectos das antigas tradições cênicas e literárias a fim de defender novos procedimentos para o ator. No novo teatro, o teatro de Convenção, de jogo, o problema da técnica do ator tornou-se protagonista e colaborou para a formulação e a experimentação de um conceito de teatralidade, que se desenvolveu ao longo de sua trajetória como encenador.

---

34 Ver infra, p. 181.
35 Alexandre Nikolaievitch Benois foi formulador e organizador do grupo Mir Isskustvie (Mundo da Arte). Colaborou, como cenógrafo, nas coreografias de Diaghliev em Paris e, como encenador, nos teatros Mariínski e de Arte de Moscou e, após a Revolução de 1917, no Bolshoi de Petrogrado. Após 1921 viveu no exterior, trabalhando especialmente na França e na Itália.

58 NA CENA DO DR. DAPERTUTTO

Suas ideias de renovação teatral e a busca de novas formas cênicas exigiram a crítica das velhas formas e transformaram seus representantes em "inimigos", a quem Meierhold devia combater. Ele reconhecia o papel renovador do Teatro de Arte na cena russa e europeia, mas pretendia, em um processo que nomeamos de *espelhamento crítico,* construir um novo modo de articulação da cena e da arte do ator.

O processo de *espelhamento crítico* sobre o qual se desenvolveram as formulações meierholdianas incorria, frequentemente, na simplificação dos aspectos técnicos, estéticos e poéticos propostos pelo TAM. J. Guinsburg, em "Stanislávski--Meierhold: Uma Relação Antitética", identificou os pontos de convergência entre os projetos dos dois encenadores e sintetizou as diferenças entre eles a partir das suas proposições sobre a formação do signo no teatro do seguinte modo: "Enquanto para Stanislávski o signo no teatro é um ponto de chegada de um processo de representação [...], em Meierhold ele é preferencialmente simbólico e icônico"[36].

A antítese criada entre interioridade e exterioridade, considerada por Guinsburg como "verdades opostas, mas não excludentes, que envolvem a própria natureza da criação teatral", tornaram o ator o principal instrumento da disputa, pois os signos teatrais "só adquirem efetiva textualização quando fazem o discurso do gesto e da palavra do intérprete no intérprete"[37].

Dos Limites do Teatro Que não Sabe Mentir

> *Eu seria culpado a meus próprios olhos e perante aqueles a quem entrego este trabalho se não me ocupasse daqueles erros, que me ajudaram a encontrar um novo método de encenação*[38].

O artigo "O Teatro de Feira", escrito em 1912, é, para nós, o vértice do que denominamos anteriormente *espelhamento crítico.* Nele, Meierhold enfrentou com vigor o crítico Alexandre

36 *Stanislávski, Meierhold & Cia*, p. 88.
37 Idem, p. 92-93.
38 Ver infra, p. 197.

Benois, antigo parceiro e colaborador que, em suas *Cartas sobre a Arte*, analisava a produção teatral russa do período. Benois, no ensaio "Um Mistério no Teatro Russo", tratou da adaptação cênica da obra de F. Dostoiévski, *Os Irmãos Karamazov*, pelo Teatro de Arte de Moscou. Para o crítico, a personagem central da obra dostoievskiana possuía as mesmas qualidades da cena proposta pelo Teatro de Arte, ou seja, a de não saber mentir, em oposição ao cabotinismo da cena mentirosa dos teatros europeus tradicionais, como exemplificava Benois, da Comédie Française e dos reformadores do teatro contemporâneo, como Meierhold e Reinhardt.

A problematização em torno do termo *mistério,* utilizado por Benois, possibilitou ao encenador abrir uma ampla janela que se contrapunha à moldura definida pelo crítico como benéfica ao teatro russo. Meierhold indagava sobre a origem do termo e procurou provar sua indefinição e fragilidade conceitual. Não reconhecia na montagem do romance de Dostoiévski nenhuma relação com os *mistérion* de Elêusis, nem mesmo com os *ministerium* medievais, considerando a adaptação teatral um insulto à obra literária ao eliminar o caráter edificante do romance de Dostoiévski e a sua genial construção em tese e antítese. Para ele, o Teatro de Arte de Moscou reduziu a complexa teia de relações entre os irmãos Karamazov à intriga protagonizada pelo personagem Mitia.

O procedimento naturalista adotado pelo TAM, que Meierhold denominou cópia do estilo histórico, impedia o espectador de participar com sua imaginação, pois nada permanecia alusivo. No esforço de tudo mostrar, o TAM eliminava da cena a força do mistério, ao contrário do que apregoava Benois. Para Meierhold, era precisamente na capacidade de ativar a imaginação do espectador que residia o mistério do teatro. E afirmava ainda que, se a cena russa fosse capaz de produzir um *mistério*, somente dois criadores poderiam realizá-lo.

De um lado, Scriabine[39], que almejava com a música atingir o espírito humano, formando uma comunidade única em

---

39 A. N. Scriabine (1872-1915). Compositor, pianista. Estudou no Conservatório de Moscou. Dedica-se à composição após uma lesão na mão. A obra de Scriabine teve uma forte influência do pensamento de Nietzsche e Hélene Blavatsky e sua escrita, se assemelha incialmente ao estilo Chopin, usando as mesmas formas: noturnos, prelúdios, estudos e mazurkas. Posteriormente, inspirado em Liszt e Wagner, desenvolve nas dez sonatas que compos um novo vocabulário

torno da arte. No entanto, o encenador advertia para a ausência de espectadores/ouvintes iniciados, capazes de compreender e apreender a obra do compositor russo, como comprovavam seus recentes concertos. Do outro lado, Alexei M. Rêmizov, antigo consultor da Cia. do Drama Novo, que em 1908 pretendeu recriar o mistério com a montagem da sua *Representação Diabólica*. A reação do público à encenação de Rêmizov, com assobios e gritos, revelava, na visão meierholdiana, o desacordo entre as pretensões do criador e a recepção do público presente.

Meierhold considerava que reinava a mais completa confusão no espírito do público a propósito do teatro e, como André Bieli, desejava a separação total entre o teatro e os *mistérios*. Ele acreditava ainda que esta união dificultava o rompimento da aliança existente entre o público e o teatro já estabelecido, ou seja, aquele que pretendia que a cena fosse a expressão da verdade.

Na oposição entre verdade e mentira encontramos o eixo das ideias apresentadas no texto "O Teatro de Feira", e a síntese da operação que chamamos *espelhamento*: a formulação de seu projeto artístico aconteceu na medida em que desenvolvia um pensamento crítico ao naturalismo em geral e, em especial, ao Teatro de Arte de Moscou. É importante ressaltar que essa oposição sintetizava diferenças estéticas e poéticas, e o que estava em jogo era a afirmação, na cena russa, da visão meierholdiana sobre a encenação.

Meierhold criticava os princípios analíticos que regiam as encenações do TAM, os de decupar em minúsculas cenas a obra dramática, e de analisar detalhadamente as partes para fazer delas um todo pertencente à arte da encenação, pois considerava que o hábito de prestar excessiva atenção ao particular impedia a formação de um único olhar, capaz de abarcar a obra em sua *totalidade*. A parcialidade da verdade pretendida pelas encenações naturalistas era denunciada pelo convívio,

---

musical. Suas composições mais célebres são: o *Poema do Êxtase* (1908) e *Prometeu* (1910). O Autor de numerosos poemas musicais como *A Máscara, A Chama, Vers la flame, Poème divin* de prelúdios e sinfonias. Sonhava em suscitar no público o êxtase místico, fazendo nos seus concertos experiências com o jogo de cores e sua relação a música e com a sinestesia.

na cena, de procedimentos técnicos reais e artificiais. O uso de pontes e capelas "verdadeiras" levava à perda da veracidade, na medida em que eram forçadas a conviver com telões que reproduziam uma paisagem em profundidade, mas que eram desmascarados pela ação do ator.[40]

Para Meierhold, sua participação como ator na formação original do TAM, em 1898, legitimava a sua interpretação do processo de criação nos primeiros anos da companhia. Considerava que a viva participação dos atores e a compreensão do conjunto de artistas da linguagem dramatúrgica proposta por Tchékhov tinham garantido os primeiros resultados cênicos, que foram tomados como face principal deste teatro. Foi então que surgiu a outra face, a do *teatro naturalista*, criticada pelo ex-discípulo por aspirar à reprodução mais verídica da vida. Para ele, a cena naturalista se constituía de procedimentos externos, tais como a penumbra, ruídos, acessórios, caracteres etc., e de uma interpretação que tentava reproduzir os *estados d'alma* tchekhovianos em outros autores.

Meierhold considerava que os *estados d'alma* tchekhovianos haviam sido construídos por indução, e que não se destinavam a um projeto de encenação que tomasse a verdade artística como um princípio único. Do mesmo modo, não poderiam fornecer a Stanislávski e seus parceiros um modelo, um *modo de atuar*.

Meierhold, ao contrário, não perseguia *um modo de atuar*, mas um teatro que reencontrasse sua *essência dinâmica*, ou seja, que estabelecesse, a cada obra, os procedimentos da encenação. O teatro meierholdiano tomou o ator como símbolo da cena e propôs que a técnica fosse um instrumento contra o procedimento da ilusão. Suas reflexões sobre o tema apresentam uma abordagem complexa do fazer teatral, e não se reduzem apenas à realização de uma linguagem cênica própria, ainda que sempre culminem nela, tecendo um diálogo provocativo com a produção teatral do seu tempo.

---

40 Aqui Meierhold se utiliza das ideias difundidas por George Fuchs, em *A Cena do Futuro*.

Do Teatro Que Sabe Mentir

A incessante renovação da linguagem no teatro meierholdiano, ou seja, a capacidade de reconstruir a cada obra os procedimentos utilizados para a realização da linguagem cênica, foi a prova da soberania da cena como parte fundamental do seu projeto. O princípio de mobilidade, a *essência dinâmica* a que almejava o encenador, encontrou no culto à cabotinagem a sua melhor metáfora, e se não afirmou um modelo único, ao analisar historicamente o teatro, reconhecia, na arte do *cabotin*[41], as armas de que necessitava para se contrapor ao ideário naturalista. Meierhold compreendeu que o combate ao cabotinismo era a negação do valor autônomo da técnica do ator e da preponderância do seu papel no acontecimento cênico, pois "quando o teatro recusa as leis fundamentais da teatralidade, logo se sente capaz de passar sem o *cabotin*"[42].

"O Teatro de Feira" examinava, a partir do reconhecimento em diferentes tradições cênicas, os meios técnicos e expressivos manifestos pelo ator. O painel, constituído basicamente por formas espetaculares que se estabeleceram em estreita conexão com a cultura popular, demostrava o interesse do autor em identificar as leis que regiam determinadas manifestações populares, das quais emergia um caráter espetacular, similar ao idealizado por ele nas suas encenações.

Tendo como ponto de partida as transformações ocorridas nos rituais religiosos e festivos da Idade Média, o texto considerava a participação da figura do ator – compreendido como uma extensa família que reúne mimos, jograis, bufões, trovadores, histriões, prestidigitadores etc. – como fator importante para a popularização do rito medieval. A amplitude de sua atuação nos *mistérios* era decorrente da sua capacidade de resolver os problemas, bastante complexos, propostos nas representações medievais. Sua desenvoltura na execução das tarefas e os recursos técnicos de que dispunha contribuíram para a transformação e a eficácia do rito/festa religiosa.

Na figura do *cabotin* encontra-se a primazia da técnica do ator, que não pode ignorar ter ao seu lado cenários, objetos e o

---

41 O uso da palavra em francês é feito por Meierhold no original.
42 Ver infra, p. 324.

público, imprimindo à cena uma perspectiva convencional, na qual o espectador, como que colocado diante de um quadro, não deve esquecer-se que o ator representa. Confirma-se aqui o pressuposto do qual Meierhold nunca se afastou: o de considerar o teatro um espaço ficcional, construído artificialmente.

Com esta eleição o encenador estabelece uma fronteira clara entre o ator-homem de teatro e o ator intelectual, e responsabiliza os autores contemporâneos, por ignorarem completamente as leis que regem o teatro, pela transformação da cena em sala de leitura. Nela, cabe ao ator um desempenho exclusivamente intelectual, a imobilidade, a sonolência. Há, ao ver meierholdiano, um uso abusivo das palavras, que impede o seu uso como matéria da cena, ou seja, como desenhos sonoros integrados à ação.

Pela primeira vez, Meierhold contestava o pressuposto de ser o teatro tributário do texto literário, reconhecendo que as tradições populares reservavam um papel ativo ao intérprete, na medida em que elas se estruturavam sob as leis da ação, e retiravam da palavra o seu papel de protagonista exclusivo. A idéia de ação era compreendida como a expressão do corpo – a pantomima – e englobava o gesto, o movimento, a dança, ou seja, a linguagem criada pelo movimento, pela expressão do ator em situação cênica, e que Meierhold denominou como *jogo do ator*. A pantomima foi considerada a antítese do discurso retórico por conter os *elementos primordiais do teatro*: a máscara, o gesto, o movimento e a intriga.

Dos Elementos Primordiais

A segunda parte do texto "O Teatro de Feira" abordava alguns dos procedimentos utilizados nos teatros tradicionais e que foram considerados pelo autor como *elementos primordiais do teatro*. No conjunto destes elementos reconhecemos aspectos que se referiam diretamente à arte do ator e outros que faziam parte da estrutura de composição da obra, ou seja, aspectos da direção.

É importante ressaltar o paradoxo presente neste culto meierholdiano às antigas tradições teatrais. A autonomia da técnica do ator foi sedimentada em uma conjunção social, cultural e política totalmente diversa da vigente no início do século xx.

No entanto, elas são analisadas por Meierhold como sistemas estéticos do teatro, "pensados, a partir da posição do encenador, como modelos completos, únicos, do gosto do espectador, da técnica de atuação e da literatura para o teatro"[43]. Ou seja, o encenador atribuía a essas tradições características estéticas e poéticas que eram pressupostos do novo teatro que desejava construir.

Apesar de não citar diretamente a obra de Gordon Craig ao longo do texto[44], as comparações do ator à marionete, desenvolvidas pelo encenador inglês, foram retomadas pelo encenador russo, não como uma proposta direta de um modelo de atuação, mas sim como forma de explicitar o modo como um encenador poderia extrair da arte do ator a cena que sua imaginação vislumbra.

Meierhold identificou duas perspectivas distintas de direção no teatro de marionetes, utilizadas no texto como análogas ao teatro em geral. Na primeira, o aperfeiçoamento da marionete visava a reprodução da forma humana, o que encaminharia este teatro para a substituição da marionete pelo ator. A segunda perspectiva, ao contrário, compreendia que a vida da marionete, "apesar de sua intenção de reproduzir a vida sobre a cena, não tem absolutamente nenhuma semelhança com aquilo que o público vê na vida"[45], sendo este exatamente o seu encanto, seu melhor atributo.

Como Gordon Craig, Meierhold propunha ao ator um papel correspondente ao da marionete. O rigor plástico, a precisão do gesto e a artificialidade construída eram, para ele, a liberdade do ator e, por sua vez, não permitiam que a intervenção do encenador modificasse a sua natureza criadora.

A proposta de recuperação da máscara, como base para o jogo do ator meierholdiano, estava estritamente associada à busca de meios técnicos que aproximariam o ator da marionete. Na figura mascarada do Arlecchino, Meierhold reconheceu, a partir da leitura dos documentos de Flaminio Scala, a coexistência de extremos e a ruptura total da ilusão cênica. No entanto, ao contrário do que se poderia pressupor, a máscara

---

43 N. V. Pesotchinskii, Aktior v Teatre Meierholda, *Russkoie Aktiorskoe Iskusstvo xx Vieka* (O Ator no Teatro de Meierhold, *A Arte do Ator Russo no Século xx*), p. 74.
44 Meierhold escrevia sobre Gordon Craig desde 1908.
45 Ver infra, p. 331.

não se constituía como um instrumento de ocultação do ator, mas sim de revelação – da sua técnica e das diferentes facetas e possibilidades de criação de uma personagem.

A máscara era, portanto, um artifício que limitava o ator na expansão do seu desejo de metamorfose, de reproduzir em cena a cópia da vida. E que, ao mesmo tempo, exigia a arte do gesto e do movimento – era nisto que, para Meierhold, residia a sua força.

Tomando a máscara como símbolo de uma atuação com consciência plena de sua expressão, de seu caráter inventivo, ficcional, Meierhold atingiu os outros elementos considerados primordiais. Se a predominância do gesto era o atributo que caracterizava a própria máscara, sua consequência direta foi a economia da palavra[46]. As reflexões teóricas meierholdianas pretendiam romper com a falta de consciência, na cena russa, do sentido do gesto, e se inseriam em uma tendência do período de valorização e estudo do movimento no teatro.

Para Meierhold, na *Commedia dell'Arte* a improvisação se estruturava através do "jogo calculado", de uma técnica que não impedia a manifestação do temperamento, da emoção do ator. Ao contrário, era ela que organizava sua inventividade, permitindo ao ator criar em vez de copiar. Ainda que o texto apresentasse uma abordagem restrita, no tocante ao tema do improviso, este era compreendido como um elemento articulador da técnica do ator na cena. E, ao contrário da máscara, cujos princípios foram abordados nas diversas encenações que realizou desde a montagem da peça *A Barraca de Feira*, a improvisação, como procedimento, se desenvolveria somente nos anos seguintes, no Estúdio da Rua Borondiskaia.

Como último elo desta cadeia, o *roteiro de ações* (a intriga) foi eleito como eixo de composição da cena. Ele propunha uma dinâmica permanente entre a técnica do ator – como geradora da composição cênica – e o roteiro de ações – como propulsor da expressão do ator. Neste teatro, o texto dramático ganhava um novo estatuto, e o dramaturgo ideal compreenderia que,

---

46 As especificidades dos espetáculos de *Commedia dell'Arte*, tais como o espaço aberto, que exige a ampliação do gesto, não são tratados pelo autor neste texto. No entanto, sabemos que os teatros medieval e renascentista só podem ser compreendidos se analisados nos aspectos exteriores que compõem a cena.

sobre a cena, o elemento dramático é antes de tudo a ação, cabendo a ele dar ao ator a base para a sua arte, como ocorreu com Cervantes, Tirso de Molina, Shakespeare e Gozzi.

O artigo "O Teatro de Feira" deu início a uma inversão no método e na hierarquia dos elementos fundantes da cena, pois Meierhold, "que sempre insistiu nos direitos do encenador e que via o ator como intérprete do texto escrito, agora pede que o autor forneça para o ator o material que servirá de base às suas improvisações"[47].

O Grotesco como Principal Operador

> O fantástico afirmar-se-á na representação com sua própria originalidade; existirá a alegria de viver tanto no cômico quanto no trágico; um aspecto demoníaco na ironia mais profunda; o tragicômico no cotidiano; aspirar-se-á à inverosimilhança convencional, às alusões misteriosas, às substituições e às transformações; sufocar-se-á no romântico seu deplorável aspecto sentimental. A dissonância surgirá em harmoniosa beleza, e é no cotidiano que se transcenderá o cotidiano[48].

Do conjunto das tradições teatrais citadas, o encenador retirou o princípio do grotesco "como um outro operador essencial de uma nova teatralidade"[49]. Para ele, este era o principal procedimento do teatro de feira, que associava *sem razão aparente* os conceitos mais dessemelhantes porque, "ignorando os detalhes e só jogando a partir da sua própria originalidade, apropria-se daquilo que convém à sua alegria de viver e à sua atitude caprichosa e brincalhona perante a vida"[50].

Sabemos que a abordagem do grotesco na cena meierholdiana amadureceu e ganhou diferentes matizes no decorrer da sua obra teatral. No entanto, o que identificamos no texto "O Teatro de Feira", como a primeira leitura do tema esclarece, sem dúvida alguma, a essência do projeto cênico meierholdiano.

---

47 E. Braun, op. cit., p. 125.
48 Ver infra, p.349
49 J. Guinsburg, op. cit., p. 62.
50 Esta é a definição de grotesco retirada por Meierhold da *Grande Enciclopédia* de 1902.

O autor não desconhecia as definições que se propagaram acerca do grotesco como estritamente ligado ao cômico, ou melhor, como uma subclasse do cômico. Consciente da antiguidade do fenômeno, da sua complexidade e amplitude, recusou os limites propostos por Flogel na sua *História do Cômico-Grotesco*, e estendeu a intervenção deste procedimento para a arte de Goya, Poe e Hoffmann.

Como afirma Wolfgang Kayser: "o fenômeno é mais antigo que o seu nome e uma história completa deveria compreender as artes chinesa, etrusca, asteca, germânica antiga e outras mais, do mesmo modo que a literatura grega (Aristófanes!) e outras manifestações poéticas"[51].

A associação dos contrários em um jogo consciente das contradições, e a negligência aos detalhes, tornou o grotesco um recurso metodológico na formulação sintética da cena, pois, na perspectiva do encenador russo, como afirmava Victor Hugo, "o teatro é um ponto de ótica"[52]. Ao conceder à obra de arte a possibilidade de associar livremente e de reunir conceitos dissemelhantes, Meierhold assumia a responsabilidade, por meio da ação unificadora do encenador, de estabelecer uma leitura, um olhar original sobre o mundo e sobre o homem.

O grotesco pode ser entendido como via, mediante à qual se revelava, na cena, o caráter humano. Ao afirmar que o teatro não tem buscado criar sobre a cena uma arte do homem, por estar submetido aos princípios da vida e não da arte, Meierhold tentava superar o projeto de verossimilhança da vida, presente no teatro naturalista, pela criação do homem ficcional. O humano por ele almejado encontrava-se fora dos esquematismos psicológicos, e transitava nos extremos da condição humana. Constituía-se, portanto, uma nova abordagem do cotidiano, aprofundada a tal ponto que este deixa de ser natural.

Meierhold identificou como principal mecanismo deste procedimento o que denominou *motivo de substituição*, termo extraído das incessantes leituras de E. T. A. Hoffmann. Sua obra apresenta todas as formas de grotesco, produzindo uma permanente insegurança no leitor quanto ao comportamento da realidade. Esta, sem explicação, transforma-se. Não se preocupa em

---

51 *O Grotesco*, n. 1, p.17.
52 *Do Grotesco e do Sublime*, p. 69.

68 NA CENA DO DR. DAPERTUTTO

estabelecer superioridade entre formas de natureza mecânicas ou orgânicas, fazendo com que o elemento mecânico, ao ganhar vida, se torne estranho e, do mesmo modo, o elemento humano, ao perder a vida.

Por último, Meierhold observou os aspectos ornamentais, presentes no grotesco arquitetural como exemplificação da luta e coexistência entre forma e conteúdo. O ornamento, presente não só na arquitetura, mas também na pintura, em utensílios e joias, tem, como afirmava Kayser, "motivação e estrutura própria, mas de nenhum modo está amarrado a determinada maneira de representação". Do mesmo modo que as denominações da arquitetura foram transferidas para a literatura, Meierhold as utilizou não como definidoras da arquitetura da cena, mas como meio de formalização do movimento do ator.

As características ornamentais do gesto, que são reconhecidas como procedimento usual da dança e do teatro oriental, só confirmavam os pressupostos meierholdianos sobre a necessidade de construção de uma forma cênica sintética, ou seja, convencional. A ludicidade e o jogo estão assegurados pelas leis que regem o grotesco, que são continuamente de exceção.

Entretanto, o encenador não estava interessado exclusivamente nas questões de linguagem do grotesco. Reconhecia o seu caráter espiritual, que não se restringia, como no simbolismo, à metáfora da harmonia universal e da trágica condição humana. Ainda que não retirasse o homem da sua centralidade, a *mímesis* pretendida pelo encenador foi produto de uma ação, de uma ampliação "por dentro" da obra de arte. Ou seja, apoiada na ação concreta do ator, a obra teatral era a manifestação de uma ideia que, como Hoffmann, transferia o espectador "de um plano que ele acaba de compreender para projetá-lo em um outro, que ele não esperava de maneira alguma"[53].

Do Espelhamento aos Novos Pressupostos Estéticos e Poéticos

No seu trabalho "Stanislávski-Meierhold: Uma Relação Antitética", J. Guinsburg analisa os pontos de aproximação entre o

53 Ver infra, p. 346.

teatro dos dois encenadores russos, que se estendem desde o ilimitado amor pelo teatro e a busca da perfeição artística, passando pelo exercício da reflexão teórica e crítica e da função estrutural do texto, até a preocupação com a natureza da relação entre espectador e cena e a consciência do papel do teatro como formador. Porém, ainda que se assemelhassem na valorização dos aspectos relacionados à formação do ator, era no diálogo entre ator e encenador e na fundamentação de espetáculos que estavam as principais discordâncias entre eles[54].

A relação entre o criador do Teatro de Arte de Moscou e o encenador de *A Barraca de Feira* se desenvolveu sob o signo da polarização, como atestado na declaração de Meierhold nos anos de 1920: "Diz-se que entre os teatros de Moscou, o meu está no polo oposto do Teatro de Arte de Moscou. Eu estou absolutamente disposto a ser um polo"[55]. Entretanto, esta atitude deliberada de confronto não pressupunha a negação da hereditariedade por parte de Meierhold. Ao comentar, no mesmo artigo, a criação de Estúdios por "herdeiros" de Stanislávski, afirma: "Se deixo voar minha imaginação, talvez devesse dizer que meu teatro também é um desses Estúdios [...] porque eu também sou aluno de Stanislávski e me graduei na sua *alma mater*".

O reconhecimento da *alma mater* stanislavskiana, como base para a sua formação como ator e encenador, fez com que Meierhold "tenha conservado durante toda a vida uma atitude de consideração por seu mestre, inclusive no auge de suas discordâncias"[56]. No entanto, sua consciência artística e histórica, aliada a um caráter provocativo e insaciável, não o impediu de se contrapor ferozmente a cada passo da cena proposta pelo Teatro de Arte de Moscou.

Se desde 1906 Meierhold colocou-se como crítico ativo do TAM, foi no artigo "O Teatro de Feira" que, pela primeira vez, esboçou quais seriam os novos procedimentos que se contraporiam ao modo proposto pelo teatro naturalista.

---

54 *Stanislávski, Meierhold & Cia*, p. 85-93.
55 V. E. Meierhold, Como odie a Stanislavski!, em S. Jimenez (org.), *El Evangelio de Stanislavski segun sus apostoles, los apócrifos, la reforma, los falsos profetas y Judas Iscariote*, p. 79.
56 J. Guinsburg, op. cit., p. 87.

Extraímos do referido texto os temas que foram abordados pelo encenador. Ainda que alguns tópicos contenham aspectos técnicos, estéticos e poéticos do trabalho do ator e da cena, *o espelhamento* se fez pela polarização dos conceitos que fundamentam o espetáculo.

Como princípios gerais sobre a arte teatral o *Artifício* foi contraposto à *Natureza*, a *Ficção* à *Vida*, a *Criação* à *Cópia*. A concepção do *ator marionete* foi idealizada por Meierhold em oposição ao *ator homem*. Este tinha por base o *jogo* como procedimento contrário à representação da *vida* na cena. E, por último, foi atribuído à máscara o papel de símbolo de um teatro que combate sem descanso a caracterização, a *maquiagem*. Havia, ainda, a sugestão da transformação do *cenário* em um *espaço tridimensional* que se coadunasse com os novos meios do ator.

Se considerarmos o texto "O Teatro de Feira" como um manifesto meierholdiano por um novo teatro, podemos imputar-lhe a proeza de adiantar, no tempo e no espaço, questões que se tornariam evidentes apenas na cena russa pós-revolucionária. Como afirmamos anteriormente, os temas que emergem do texto só podem ser compreendidos se dispostos em um amplo e complexo quadro, aquele da vanguarda no início do século xx.

A apropriação dos códigos populares por parte dos artistas de vanguarda deu continuidade ao movimento iniciado no século xix; porém, os artistas modernos não se restringiam à recuperação, à coleta de dados, propondo a estetização da cultura popular. Há uma contradição permanente no diálogo entre os códigos populares e artísticos. Se, por um lado, as manifestações tradicionais são formas que identificam um povo, um país, uma raça, por outro, estão nelas leis que, cultivadas ao longo do tempo, fixaram princípios e procedimentos universais.

A recuperação destes procedimentos foi projeto de uma vanguarda que primava, acima de tudo, pela busca do novo. Como já apontado, ao recorrer ao modelo das antigas tradições, não se pretendia a recuperação histórica de antigas formas, mas sim a apropriação dos princípios e de sua organização a partir de pressupostos estéticos e poéticos novos[57].

---

57 Procedimento nomeado pelos formalistas de *deslocamento de sistema*, ou seja, a construção de um novo modelo com a utilização dos elementos dos velhos sistemas, interpretados de maneira diversa.

3. Um Olhar sobre os Rastros

Encontrei hoje em ruas, separadamente, dois amigos meus que se haviam zangado um com o outro. Cada um me contou a narrativa de por que se haviam zangado. Cada um me disse a verdade. Cada um me contou as suas razões. Ambos tinham razão. Não era que um via uma coisa e outro outra, ou que um via um lado das coisas e outro um outro lado diferente. Não: cada um via as coisas exatamente como se haviam passado, cada um as via com um critério idêntico ao do outro, mas cada um via uma coisa diferente e cada um, portanto, tinha razão. Fiquei confuso dessa dupla existência da verdade.

FERNANDO PESSOA

UMA PEDAGOGIA EM GESTAÇÃO

Os movimentos teatrais do início do século XX introduziram o debate acerca da sistematização de procedimentos cênicos e da tentativa de organização de métodos de criação aplicáveis a diferentes contextos daqueles que o originaram. Com as vanguardas históricas emergiu a diversidade de perspectivas cênicas, permitindo o confronto das formas de abordagens e das metodologias empregadas no processo de criação teatral, o que tornou o teatro uma disciplina artística complexa.

Mas, se "o período que começa no princípio daquele século se distingue dos outros pela incerteza diante dos valores e ideias que fundaram a modernidade"[1], os estudos teatrais nos últimos cem anos ainda oscilavam entre dois polos: o sentimento e a técnica, o natural e o artificial. Ainda que os estudos do teatro e os estudos sobre o teatro começassem a dialogar com outras disciplinas artísticas e com campos do saber científico, sobreviveu o mito que atribui o conhecimento da arte teatral ao acaso, às leis da natureza, à intuição, prescindindo

---

1 O. Paz, *A Outra Voz*, p. 40.

NA CENA DO DR. DAPERTUTTO

de estudos, de sistematização. E, contrapondo-se a isso, a formação de um novo mito: a normatização de procedimentos artísticos baseados na eficiência técnica, que se pretendiam absolutos.

É no advento da modernidade que emerge a presença do encenador como mediador entre a técnica e a totalidade da representação teatral, ou seja, como o responsável pela codificação do espetáculo e por propiciar os meios de formação dos seus intérpretes.

Procuramos reconhecer o projeto teatral meierholdiano tanto por meio dos sinais presentes no objeto teatral, na encenação propriamente dita, quanto no discurso que Meierhold articulava sobre ele. A difícil conjugação entre pedagogia e encenação que identificamos na trajetória artística de V. Meierhold não atesta, como já afirmamos anteriormente, a ausência de um projeto artístico-pedagógico. Ao contrário, N. Pessotchinskii considera que, ao final da primeira década do século xx, "na teoria, o principal estava definido" para Meierhold. Ou seja, como vimos no capítulo anterior, nas encenações e nos textos meierholdianos já se encontravam articuladas as matrizes teóricas do encenador-pedagogo, e ele "tinha pela frente um caminho extremamente difícil, a criação gradual de condições para o desenvolvimento do seu método"[2].

Esta é, sem dúvida, uma visão incomum no estudo do teatro meierholdiano na Rússia e se opõe à visão mais corrente, que o exclui das principais referências teóricas para o estudo da arte do ator. Apesar de ser considerado um dos criadores da encenação moderna, o atributo de grande diretor está dissociado da visão pedagógica e, na maioria das vezes, permanece a acusação de uma prática cênica mecanicista[3], por ignorar os fundamentos psicológicos do teatro. E mesmo estudiosos como Rudnistki, julgavam que os escritos meierholdianos revelavam uma base teórica fraca, obscura e eclética[4].

---

2 N. V. Pessotchinskii, Aktior v Teatre Meierholda, *Russkoie Aktiorskoe Iskusstvo xx Vieka* (O Ator no Teatro de Meierhold, *A Arte do Ator Russo no Século xx*), p. 69.

3 F. Djaf, *Nasliediie V. E. Meierholda v Zarubejnom Teatroviedenii i Teatralnoi Piedagoguike* (*A Herança de V. E. Meierhold nos Estudos e na Pedagogia Teatrais*), p. 11-13.

4 K. Rudnitsky, *Meyerhold, The Director*, p. 168.

UM OLHAR SOBRE OS RASTROS

A coexistência de campos teóricos distintos, a ausência de um programa sistematizado, aliados à inevitável comparação ao sistema proposto por C. Stanislávski (tomado a partir de 1940 na Rússia como oficial) e, principalmente, sua condenação política pelo Estado soviético, criaram em torno das ideias pedagógicas meierholdianas um valor negativo e excludente.

Porém, se Meierhold como encenador construiu uma obra cênica com um sistema de representação próprio, este, a nosso ver, pressupunha uma eleição de procedimentos técnicos específicos, articulados a uma concepção precisa sobre a relação ator-personagem. Ou seja, uma metodologia pedagógica em que a encenação era "o próprio local de aparecimento do sentido da obra teatral", e o espectador só tinha "acesso à peça por intermédio desta leitura do encenador"[5]. Nela se explicitava um princípio gerador, uma doutrina, um sistema no qual estavam inseridos todos os seus componentes.

Meierhold não perdia tempo. Privado da possibilidade de organizar a escola, ele propunha a ideia de arte nova na prática do encenador, e isso não significava uma recusa à pedagogia. Meierhold considerava o processo de ensaios como pedagógico[6].

E se compreendemos a pedagogia como um conjunto de doutrinas, princípios e métodos de educação e instrução que tendem a um objetivo prático podemos identificar a cena meierholdiana como um meio de educar, tanto aquele que fazia como aquele que assistia, pois "a pedagogia teatral, mais que todas as outras pedagogias, requer a troca, a pesquisa, a experiência comum, ao ensinante e ao ensinado, ao mestre e ao aluno"[7].

O modo como Meierhold operou estas duas práticas – de encenador e de pedagogo – oscilava permanentemente. Por vezes demonstrava uma firme proposição de independência, de separação entre pedagogia e produção teatral, como atestava sua reflexão a partir da experiência do Teatro-Estúdio em 1905:

5 P. Pavis, *Dicionário de Teatro*, p. 123-124.
6 I. M. Krasovskii, *Niekatorie Problem Tietralnoi de V. E. Meierhold 1905-1919* (*Alguns Problemas da Pedagogia Teatral de V. E. Meierhold 1905-1919*), p. 46.
7 A.-M. Gourdon, *La Formation du comédien*, p. 62.

74 NA CENA DO DR. DAPERTUTTO

Foi então que comecei a pensar que uma escola vinculada a um teatro é um veneno para os atores que nela estudam, que uma escola deve ser independente, nela não deve ser ensinada a forma atual de representar[8].

Outras vezes, ao contrário, defendia a utilização do próprio fazer teatral, nos moldes de produção vigente, como um instrumento de formação do ator, como uma prática que se orientava a partir de pressupostos artísticos predeterminados e aos quais o ator devia se submeter. Ou seja, um teatro-escola.

Encontramos essas duas tendências na própria formação pessoal de Meierhold. Inicialmente, a passagem de ator-amador para ator-profissional concretizou-se a partir dos estudos teatrais realizados em uma escola totalmente desvinculada de uma companhia de teatro. O curso da Escola de Arte Dramática da Sociedade Filarmônica oferecia uma formação genérica e objetivava preparar atores para os diversos teatros existentes na Rússia. Ao contrário, ao ingressar no Teatro de Arte de Moscou, fundado sob uma filosofia artística e ética definida, aliou-se a um grupo unido por bases criativas comuns e com estreita conexão entre a prática cênica e a formação do ator. A oscilação entre os dois modelos foi decorrente da constante separação entre o seu cotidiano profissional, como encenador, e as pesquisas e estudos que realizava sobre o teatro, no período que antecedeu a revolução. Foi somente nos anos de 1920 que o encenador constituiu uma companhia que reunia antigos parceiros, ex-alunos e colaboradores, dispondo de condições objetivas para realizar os projetos teatrais idealizados por ele.

Ciente das tendências renovadoras europeias, o encenador se manteve permanentemente interessado no confronto e no diálogo entre as diferentes escolas. Em carta enviada a Stanislávski, em junho de 1907, com o artigo "Considerações sobre a História e Técnica do Teatro", publicado no ano seguinte, Meierhold assumia a sua deliberada "atitude negativa" com a escola stanislavskiana. Solicitava ao antigo mestre que publicasse, com urgência, um livro apresentando o projeto de

8 Ver infra, p. 194.

UM OLHAR SOBRE OS RASTROS

sua escola, pois "com rapidez se movimenta e avança a arte russa. E vós construístes uma nova ponte. Eis porque, ainda durante a sua vida, eu ouso escrever sobre isso, e devo acolher o seu desgosto"[9].

O projeto de um teatro-estúdio, adiado durante o período de dedicação exclusiva ao Teatro Dramático V. Komissarjévskaia, foi retomado por Meierhold, ainda em 1908, em seu próprio apartamento na rua Jikovskii e pode ser considerado como a primeira tentativa de estabelecer uma prática pedagógica. Meierhold planejava uma célula, ou um estúdio de música e drama, da qual participaram, nas horas de lazer, o compositor M. F. Gnessin, o cenógrafo A. Golóvin, M. E. Darckii e I. H. Sedova, dedicando-se ao ensino da música e da plástica. O Teatro-Estúdio funcionou unicamente durante a temporada de 1908/1909 e oferecia apenas dois cursos: Movimento Plástico, orientado por Meierhold, e Coral e Declamação Musical do Drama, ministrado pelo jovem compositor M. F. Gnessin.

Em maio de 1909, um anúncio publicado na crônica teatral do período relata a mudança de orientação no Curso Musical--Dramático e de Ópera Pollak e a contratação, em virtude de desacordos internos com o diretor, de novos professores[10], entre eles Meierhold. O encenador alegava que o principal motivo para "servir duplamente" ao pequeno Teatro-Estúdio e ao curso Pollak era a remuneração oferecida, que contribuía para atender a grande família que possuía. Sobre a disciplina Técnica de Atuação, que ministrava aos alunos do segundo ano do curso, sabemos somente que dedicava uma particular atenção à mímica e ao movimento, e os resultados alcançados foram apresentados publicamente em 30 de novembro de 1909 e 07 de fevereiro de 1910[11]. Durante esta temporada, Gnessin fixou--se na província, em Rostov, e as atividades do Teatro-Estúdio no apartamento de Meierhold foram suspensas, já que ele não concordava em continuar sozinho.

---

9 Em V. P. Korsunova; M. M. Sitkoveckaja (orgs.), *Pieriepiska 1896-1939* (*Correspondência 1896-1939*), p. 98.

10 Muzikalno – Dramatitcheskie Kursi Pollak (Cursos Musicais-Dramáticos Pollak), *Teatr i Iskusstvo*, p. 398.

11 O. Vissotskaia, Moí Vospominaniia (Minhas Memóriaso), *Teatr*, n. 4, p. 95.

76 NA CENA DO DR. DAPERTUTTO

No verão de 1912, outra experiência denotava seu firme propósito em manter uma prática artística paralela às suas atividades como encenador dos Teatros Imperiais. Reuniu um grupo de artistas, antigos e fiéis parceiros na Cia. do Drama Novo, no Teatro-Estúdio da Rua Povarskaia, no Teatro Dramático Vera Komissarjévskaia e nos cabarés, para um período de estudos e experimentação na *datcha* Leponi, em Terioki, na Finlândia. Além dos atores, integravam o grupo três cenógrafos, liderados pelo pintor Sapúnov[12], alguns dramaturgos – orientados à distância pelo poeta A. Blok, patrocinador do empreendimento em apoio à sua mulher, Liubov Dmitrievna, que desde o cabaré Baía participava como atriz do seleto grupo do encenador – e V. N. Soloviov[13], jovem fervoroso na sua paixão pela comédia italiana, além do compositor M. F. Gnessin.

Durante os meses de férias o grupo explorou procedimentos cênicos como a pantomima e o improviso, experimentados pelo encenador nas montagens do Teatro Imperial e nos cabarés, a partir dos *scenari* da *Commedia dell'Arte* propostos por Soloviov. Além disso, a prática da Leitura Cênica, ministrada por Gnessin, objetivava encontrar novas formas de leitura do drama em que a junção entre a palavra e a ação, entre a palavra e a forma poética do movimento, era defendida por Meierhold como princípio a ser exercitado pelos atores.

12 N. N.Sapunóv (1880-1912). Pintor e Cenógrafo Estudou na Universidade de Moscou onde foi aluno de I.I Levitan e na Academia das Artes de São Petersburgo, com A.A. Kissilev. Quando estudante desenhou cenários para o Bolshoi Teatro. Participa, em 1905, Teatro-Estúdio na Povarskaia, criando os cenários de *A Morte de Tintagiles* (Maeterlink). Para Meyerhol cria ainda os cenários de *Hedda Gabler* (Ibsen) e de *A Barraca de Feira* (A. Block), no Teatro de Vera Komissarjévskaia. Realiza os cenários *Três Florescimentos*, de Balmont. No Teatro da Tragédia de São Petersburgo, *A Princesa Turandot*, de Gozzi, no Teatro Nezlobine

13 V. N. Soloviov (1887-1941), critico, historiador do teatro, encenador e pedagogo. Responsável pelos estudos da técnica cênica da *Commedia dell' Arte* no Estúdio da Rua Borondiskaia em S. Petersburgo, colaborador da revista *O Amor de Três laranjas*, onde escreve uma série de artigos sobre o tema.

Terioki, verão de 1912. Meierhold ao centro, rodeado por
atores, filhas e esposa.

A leitura do drama é, antes de tudo, o diálogo, o debate, o esforço dialético. O drama na cena é ação. Aqui a palavra só existe junto com a ação. Ela deve surgir involuntariamente para o ator, abarcando o movimento poético[14].

Inicialmente foram remontados a pantomima, composta por Soloviov, "O Arlequim Paraninfo", e o texto de Calderón de la Barca, *A Devoção da Cruz*, em que Meierhold traçava o desenho do movimento na cena e indicava o caráter do movimento de cada personagem.

As atividades se desenvolviam num grande colóquio e, como relatado pelos participantes, mesmo no tempo livre e nas refeições todos se entregavam à criação; todos os artistas estavam entusiasmados e eram muito cuidadosos. O grande acontecimento da temporada era a preparação de uma noite carnavalesca, com barracas, apresentações de mascaradas, pantomimas etc., atividade que objetivava experimentar um formato da tradição do teatro popular. Entretanto, a morte de Sapúnov, por afogamento, impediu a sua realização e transformou o ambiente de trabalho.

14 O. Vissotskaia, op. cit. p. 95.

Os próximos espetáculos, como relatado por Olga Vissotskaia, não despertaram o interesse do público de Terioki, pois este esperava a comédia, um *vaudeville*, o teatro de variedade e a dança após o espetáculo. Abortados os projetos originais, a temporada foi encerrada com uma homenagem a Strindberg, falecido também neste verão, com a montagem de *Delito e Delito*, texto sugerido por Blok desde o início. Ainda assim, a estada em Terioki permitiu ao grupo o início das pesquisas cênicas sobre os meios técnicos da *Commedia dell'Arte* e os primeiros experimentos do método da Leitura Musical, de M. Gnessin, delimitando para Meierhold um campo de estudo sobre o qual baseou as experiências pedagógicas do seu futuro Estúdio.

Meierhold ensaiando seus atores em Terioki, 1912.

Além das incursões experimentais, a prática cênica meierholdiana teve como complemento suas reflexões escritas acerca do teatro, por intermédio de artigos e traduções de textos de outros encenadores – especialmente Gordon Craig –, portadores de conceitos que corroboravam para afirmar princípios artísticos do teatro que ambicionava. Seus escritos foram, além da cena, um outro instrumento no debate teatral, quase sempre polêmico, que o encenador alimentou durante toda a sua vida. Meierhold jamais se furtou em problematizar publicamente os aspectos técnicos, poéticos e políticos que envolviam o trabalho artístico.

Apresentou, ainda que de forma assistemática, nos escritos publicados no livro *Sobre o Teatro*, os fundamentos da cena que pretendia constituir. Definiu teoricamente um ponto de vista, um olhar, demonstrando que nesta arte é preciso escolher um ângulo de ataque, uma perspectiva precisa. Porque é o olhar que cria, sem sombra de dúvida, não o objeto teatral, mas o discurso sobre ele. E o que podemos observar em *Sobre o Teatro* não é somente a formação, mas a estreita articulação do *discurso* e do *olhar meierholdiano*.

UMA REVISTA PROGRAMA

No outono de 1913 foram abertas as atividades do Estúdio V. E. Meierhold na rua Troiskaia. Em janeiro de 1914, dando continuidade ao projeto do Estúdio, iniciou-se a publicação da revista *Luibov k Triom Apelsinam* (*O Amor de Três Laranjas – a Revista do Doutor Dapertutto*), via de projeção do Estúdio e que, de 1914 até 1916, editou a crônica da sua prática cênica. São escritos que relatam desde o conteúdo das disciplinas e seus orientadores até a estrutura e a organização das aulas, a ocupação do espaço, a ficha técnica dos exercícios etc.

O pequeno texto de apresentação do número de lançamento da revista *O Amor de Três Laranjas*, afirmava: "Aparecendo diante do público nós não diremos nada sobre nossos objetivos e intenções, não apresentaremos nenhum programa. Vamos falar sobre nós e sobre o que é nosso, por vezes sobre o alheio, o quanto ele nos interessa"[15].

Capa da revista O Amor de Três Laranjas – a Revista do Doutor Dapertutto

15 *O Amor de Três Laranjas*, p. 3.

80 NA CENA DO DR. DAPERTUTTO

Entretanto, o "título já é um programa"[16], sinalizando as fontes e as vertentes dramatúrgicas e literárias que determinavam as pesquisas meierholdianas no período e definiam a óptica cênica do Estúdio.

O conteúdo da revista abarca a publicação de textos teatrais e de poemas simbolistas e/ou de novos poetas, resenhas críticas, artigos sobre a história do teatro, crônicas da vida teatral e cultural do período, além das crônicas do estúdio. O inesperado nome, *O Amor de Três Laranjas – a Revista do Doutor Dapertutto*, sugerido por Soloviov, foi eleito por se distinguir dos títulos das publicações da época e por sintetizar os temas que predominariam na revista: a obra de Hoffmann e de Carlo Gozzi e os procedimentos cênicos do teatro de máscara italiano.

Na correlação entre a obra dos dois autores[17] encontramos a base do ideário do Estúdio. Os procedimentos da *Commedia dell'Arte* reconhecidos na dramaturgia de Carlo Gozzi[18] eram experimentados a partir do ponto de vista do personagem hoffmanniano, o Dr. Dapertutto, demonstrando que o "destino atual do Estúdio era apaixonar-se pelo conde Gozzi por intermédio de Hoffmann"[19].

O título sinalizava também qual o real proprietário das ideias da revista: o Doutor Dapertutto, nome-máscara sob o qual se ocultava o diretor dos Teatros Imperais, Vsévolod Emilievitchii Meierhold O pseudônimo, assumido para protegê-lo da proibição de exercer atividades artísticas pa-

---

16 C. Solivetti, La Commedia dell'Arte in Russia e Konstantin Miklasevskij, em K. Miklasevskij, *La Commedia dell'Arte – o il teatro dei commedianti italiani nei secoli XVI, XVII e XVIII*, p. 151.

17 *O Amor de Três Laranjas* é uma fábula de Carlo Gozzi e Doutor Dapertutto é uma personagem da obra de E. T. A. Hoffmann.

18 Dramaturgo italiano (1720-1806). Escreveu para última trupe de *commedia dell'Arte*, de Antônio Sacchi. Suas dez *Fábulas* (contos maravilhosos), escritas entre 1761 e 1765 eram uma máquina de guerra contra seus rivais, particularmente Goldoni. Em sua obra o grotesco toma forma através do encontro da magia, do encantamento, do fantástico com o caráter bufonesco das máscaras. Sua obra foi revisitada por Schiller e Hoffmann e, nos anos que precederam e sucederam à Revolução russa, pelos encenadores russos como Tairov, Vakhtangov, e o encenador francês Jacques Copeau. *O Amor de Três Laranjas* (1761) além de dar título à revista de Meierhold forneceu o *libretto* para a ópera de Prokofiev.

19 *O Amor de Três Laranjas...*, livro 4-5-6-7, 1915, p. 186.

UM OLHAR SOBRE OS RASTROS

ralelas às do Teatro Imperial, quando da inauguração da Casa dos Entreatos, foi extraído do conto de Hoffmann, *Die Abenteur der Sylvester-Natcht*. Como afirma Ripellino, "a imagem ambígua do Wunderdoktor, de Hoffmann, do senhor Emtodaparte, dito também o vermelho, parece um retrato do diretor: 'é um homem espigado e magro, com agudo nariz aquilino, olhos cintilantes, boca torcida num ríctus, em um casaco vermelho cor-de-fogo com botões de aço brilhante'"[20].

Personagem meierholdiana, Dapertutto filiava-se à noção do herói romântico, que pode ser representado pela figura do aventureiro, do poeta, do guerreiro da liberdade ou do solitário, perdido numa meditação sublime. E ainda que a *Revista do Doutor Dapertutto* apresente uma matriz claramente simbolista e que, na prática do Estúdio, a *Commedia dell'Arte* tenha se tornado um modelo dinâmico de teatralidade, muitos dos artigos de *O Amor de Três Laranjas* revelam um evidente aporte romântico, típico da época. Porém, Dr. Dapertutto, mesmo sendo herdeiro do romantismo, distinguia-se deste pelo seu aspecto diabólico e charlatanesco, e adquiria um caráter de herói moderno, de um pobre-diabo e um ser dotado de poderes ocultos, um palhaço e um mágico.

É nítida a estreita conexão entre o velho Landowski, na montagem de *Os Acrobatas*, e do infeliz Pierrô da peça *A Barraca de Feira*, com o Doutor Dapertutto. A dupla personalidade do encenador se desenvolveu ao longo dos anos, em um trânsito permanente entre os dois mundos, o oficial e o experimental.

Doutor Dapertutto aparece, de forma variada, no círculo de admiradores dos cabarés teatrais, das pequenas salas, onde ele encena pantomimas, paródias, esquetes e V. E. Meierhold prepara, ao mesmo tempo, encenações monumentais na cena imperial. Doutor Dapertutto brinca, arrisca, experimenta, prova. O encenador Meierhold age com ponderação, com clareza de objetivo, com fundamento. O Doutor Dapertutto improvisa, o encenador Meierhold arranca cada espetáculo

20 *O Truque e a Alma*, p. 131.

de um rigoroso plano, traçado com precisão. Doutor Dapertutto se faz acompanhar dos experimentais e extravagantes cenógrafos Sapúnov e Sudéikin[21], Meierhold é acompanhado pelo suntuoso Golóvin. Doutor Dapertutto propõe a ideia do novo teatro e, sem protelar, o executa com liberdade, não evitando os extremos. O encenador Meierhold, que comunga e encarna as mesmas ideias, as contorna solidamente, definitivamente, irrefutavelmente. Doutor Dapertutto faz com desembaraço o esboço da maturidade criativa do encenador Meierhold[22].

Figurino para o Doutor Dapertutto, de Sudeikin, 1915.

21 S. I. Sudéikin (1882-1946). Pintor, Gráfico e Cenógrafo. Estuda na Universidade de Moscou e na Academia de Artes de São Petersburgo com K.A. Korovine. Integra a nova geração do grupo de pintores do *Mir Iskusstva*. Cria os cenários de *Irmã Beatriz*, no Teatro Vera Komissarjévskaia, *A Devoção da Cruz*, no Teatro da Torre ambos sob a direção de Meierhold. Colabora ainda como cenógrafo com F. F. Komissarjévski (em *César e Cleópatra*, B. Shaw no Novo Teatro Dramático) A. Taírov (em *O Casamento de Fígaro*, Beaumarchais), N.N. Evreinov (na opereta *Beglaia*), entre outros, alem de vários ballets, etc. (N. da T.)
22 K. Rudnitsky, op. cit., p. 165.

UM OLHAR SOBRE OS RASTROS

Ao assinar, como Doutor Dapertutto, as ideias apresentadas na revista *O Amor de Três Laranjas*, Meierhold as localizou em um campo de representação imaginária, ou seja, no campo estrito da obra de arte. Criou um plano abstrato, aquele que o poeta Octavio Paz nomeia de outra voz, a voz poética – no caso do encenador, a voz cênica – a voz das paixões e das visões, que comporta contradições teóricas e uma diversidade de referências culturais e temporais, pois "é de outro mundo e é deste mundo, é antiga e é de hoje mesmo, antiguidade sem datas"[23].

Escritor, compositor, diretor e caricaturista, o alemão E. T. A. Hoffmann (1776-1822) influenciou sobremaneira o teatro russo pré-revolucionário. A sua ficção, plena de fábulas e de pequenas estórias, revelava o sobrenatural por meio da subjetividade, numa fantasia por vezes bizarra e arbitrária, e com um acentuado desprezo pela verossimilhança. De sua obra foram retirados motivos para balés, como *Copélia* e *Quebra Nozes*, óperas, como *Os Contos de Hoffmann*, *O Duende da Água*, e seus contos foram adaptados por diferentes encenadores da vanguarda russa. Hoffmann foi diretor do Teatro de Bamberg, na Alemanha, com um repertório baseado principalmente na obra de Calderón de la Barca. Sua única obra de reflexão sobre o teatro, o diálogo poético *Tristezas Estranhas de um Diretor de Teatro*, relata aspectos do teatro do seu tempo e propõe o uso de todos os elementos cênicos para constituir uma cena capaz de ultrapassar a aparência da realidade cotidiana. Hoffmann concebia um modelo de ator liberto da identificação com a personagem e que se transformava em instrumento de denúncia da ilusão teatral, pois devia distrair o espectador das personagens, da ficção, a fim de que dirigisse sua atenção para o ator.

Uma das seções da revista *O Amor de Três Laranjas*, nomeada hoffmanniana, foi dedicada exclusivamente ao autor. Publicada em quatro dos nove números editados, era composta de transcrições de artigos sobre a sua obra, trechos de poemas que o homenageavam, pequenos comentários sobre as

23 Op. cit., p. 140.

84 NA CENA DO DR. DAPERTUTTO

traduções em língua russa etc. Hoffmann foi saudado como o incomparável Mestre e, em 1915, um longo artigo analisava *A Princesa Brambilla* à luz da "maneira de Carlo Gozzi". O mundo quimérico de Hoffman era apresentado como análogo ao mundo fantástico das fábulas de Carlo Gozzi, das máscaras da *Comédia dell'Arte*, pois "Hoffmann amava Gozzi"[24].

A obra de Hoffmann reunia outros aspectos de interesse para Meierhold: era um mundo penetrado pela música, pelos sons. Para ele, a música continha elementos próximos do mundo sobrenatural, permitindo ao autor desenvolver, além da imaginação musical, uma imaginação plástica. Se Hoffmann serviu como fonte de constante inspiração, o eixo temático da revista *O Amor de Três Laranjas* foi a *Commedia dell'Arte*:

> Não só porque é parte do curso teórico e prático, mas também porque é o argumento de vários artigos críticos e de reconstrução histórica, além de mais da metade das peças publicadas. De resto, inclusive as resenhas dos livros e espetáculos, a crônica e as polêmicas teatrais são de um modo ou de outro ligados ao teatro de máscara: tudo é interpretado, aceito, criticado em relação a este teatro[25].

A revista propunha um recorte claro para os estudos da *Commedia*, em que a dramaturgia do conde Carlo Gozzi recebia um lugar de excelência em detrimento de outros dramaturgos, fato este bastante combatido por seus opositores e por alguns estudiosos do tema. Mas o que era visto como um limite na obra de Gozzi por especialistas importantes como Konstantin Miklachévskii – que considerava a epopeia de Gozzi o capricho de um esteta, embora visse nele o último grande e ortodoxo epígono da tradição da *Commedia* –, foi exatamente o que atraiu Meierhold, visto que Gozzi conscientemente contrapõe a verdade da arte à verdade da vida.

A revista publicou duas fábulas de Gozzi: a ópera *O Amor de Três Laranjas*, em adaptação desenvolvida por Meierhold, Soloviov e Vogak, com doze cenas, além de uma parada, um prólogo, três entreatos e um epílogo, e a fábula-tragicômica *A Mulher-Serpente*. Encontramos ainda o artigo "Considerações

24 *O Amor de Três Laranjas...*, livro 4-5-6-7, 1915, p. 192.
25 C. Solivetti, op. cit., p. 164.

Sinceras e a História do Surgimento das Minhas Dez Fábulas Teatrais – Primeira e Segunda Parte", de Carlo Gozzi, e três ensaios críticos, que analisam a técnica do cômico na sua dramaturgia e a natureza política da sua obra, além de inúmeras citações nos textos de reconstrução histórica da *Commedia dell'Arte*.

A adesão ao modelo do comediógrafo veneziano não foi genérica e não estava fundada em uma aproximação histórica, política ou sociológica, mas sim exclusivamente teatral[26]. Consolidava a ideia de retorno do mundo ao teatro, reduzido à sua moldura, e não como apregoavam os naturalistas, o teatro como espelho do mundo. A cena gozziana não pretendia ser o reflexo do mundo, um espelho fiel, ao contrário, manifestava-se como um mundo, um espaço privilegiado, festivo, encantado, pleno de imaginação e ilusão.

A histórica oposição entre os dramaturgos venezianos C. Gozzi e C. Goldoni espelhava a oposição entre o Estúdio Meierhold e o Teatro de Arte de Moscou. Na discordância entre os dois venezianos, a revista alinhava-se ao primeiro, considerando a abordagem goldoniana excessivamente descritiva. Goldoni, que fora incluído no repertório do Teatro de Arte de Moscou nas temporadas de 1898/1899 e em 1914, não era aceito por Meierhold e seus colaboradores por seu tom realista concretizado em uma reforma dramatúrgica que constituía, para eles, um ato de eutanásia no caráter cômico da *Commedia dell'Arte*. As fábulas gozzianas, pelo contrário, como afirma K. Motchulski no artigo "A Técnica do Cômico em Gozzi", continham aspectos formais que as colocavam "perto da ilusão, dando-nos consciência do ser autêntico. E todos os elementos de divergência entre Gozzi e Goldoni baseiam-se exclusivamente na compreensão que eles têm do poético"[27].

A coexistência de aspectos antagônicos no universo das fábulas gozzianas repleto de seres extraordinários, em que a fantasia toma forma e espaço pela justaposição de material do passado e do presente da tradição cultural do dramaturgo, e a

---

26 A. D'Orrico; A. Vancini, L'avanguardia teatrale russa nel novecento e l'idea di Commedia dell'Arte, *Quaderni di Teatro*, n. 6, p. 113.
27 *O Amor de Três Laranjas...*, livro 2-3, 1916, p. 83.

86   NA CENA DO DR. DAPERTUTTO

sua criação do gênero tragicômico – suprimindo a divisão do teatro a partir dos gêneros – foram outros elementos que levaram o encenador russo a interessar-se pela dramaturgia de Carlo Gozzi.

A máscara, a contaminação entre a linguagem da corte e os popularescos *lazzi*, a cenotécnica do maravilhoso de ascendência barroca, a recorrência aos países e costumes exóticos, a contínua evocação de figuras mágicas, tornam-se signos constitutivos do teatro como representação, como *mise-en-scène*. Não é necessário parafrasear a realidade, ou buscar a revivescência: o teatro é metateatro[28].

Porém, nos anos em que a revista *O Amor de Três Laranjas* foi editada, o novo teatro prenunciado por Meierhold não tinha se configurado, de modo que a vocação metateatral não demonstrava ainda, nem nos Teatros Imperiais nem nas experiências pedagógicas do Estúdio, o grau de excelência comprovado nas encenações dos anos de 1920. Konstantin Rudnitski considera os primeiros anos da segunda década como anos de crise para o encenador, pois este não encontrava na nova dramaturgia russa nenhuma obra que oferecesse uma nova perspectiva.

Ao recorrer à dramaturgia do século XVII, Meierhold não estava à procura de um novo dramaturgo, mas se interessava pelo modelo da poética gozziana, em que a composição dramatúrgica dispõe suas partes em conformidade com leis estéticas e cênicas determinadas pela própria obra. Interessavam-no também os aspectos técnicos de composição da obra e a reação causada no espectador, na medida em que este "ri somente quando não se emociona e sua sensibilidade fica provisoriamente embotada"[29].

E não eram apenas os aspectos formais e técnicos que aproximavam os integrantes da revista, em especial Meierhold, do autor veneziano. O teatro teatral de Carlo Gozzi orientou o discurso sobre o ator e sua técnica, por meio de uma figura precisa e historicamente determinada, o cômico da *Commedia dell'Arte*. A dramaturgia gozziana reunia uma centena de motivos literários e teatrais, era herdeira de antigas tradições

28 A. D'Orrico; A. Vancini, op. cit., p. 113.
29 Idem, ibidem.

UM OLHAR SOBRE OS RASTROS

populares ainda em voga no século XVII, representando, portanto, a síntese de uma tradição oral.

Para a revista *O Amor de Três Laranjas*, o ator popular estava no centro das reflexões. A retomada das antigas tradições teatrais não pretendia reconstruir uma verdade histórica, e sim uma versão, uma interpretação bastante mitificada. Isso está claro no artigo "A Barraca de Feira", uma espécie de manifesto poético sobre o novo ator, escrito em forma de conto romanceado, e que foi assinado pelo próprio encenador em parceria com I. Bondi[30].

Os autores narram um sonho: um ator percorre um velho palco reconhecendo no espaço os traços ocultos da tradição teatral e reaprendendo o seu léxico. O teatro é apresentado como um reino, comandado pelo ator, em que o encenador tem a função de primeiro ministro, aquele que conhece as leis melhor que os outros. Os autores justificam o estudo de técnicas das antigas tradições teatrais, pois estas permitiriam ao novo comediante o reconhecimento da sua capacidade criativa e, por intermédio delas, o domínio técnico. Fariam, assim, "nascer uma obra de arte na qual sua personalidade surgirá por meio de uma máscara que dissimula nele os traços de uma outra máscara que outras pessoas, em outras circunstâncias, já viram outrora"[31].

Em *O Amor de Três Laranjas – a Revista do Doutor Dapertutto*, articulavam-se os instrumentos teóricos de apoio à prática cênica do Estúdio, constituindo um espaço de afirmação do estatuto artístico da arte do ator. Para Samuil Vermel, no artigo "O Momento da Forma em Arte"[32], o trabalho do ator até então não era considerado arte, pois não evidenciava, como nas outras artes, quais seus meios de composição, ou seja, como organizava sua expressão no espaço cênico.

Ao novo ator caberia recuperar o verdadeiro sentido do vocabulário teatral. Por intermédio do estudo da técnica da *Commedia*, os integrantes da Revista/Estúdio reconheciam os meios de formulação da gramática cênica de um teatro formalizado, convencional e, como pretendia Gozzi, um teatro

---

30 Iurii Michailovitch Bondi, cenógrafo e encenador. Participa do grupo em Terioki e integra o grupo de colaboradores do Estúdio V. E. Meierhold.

31 A Barraca de Feira, *O Amor de Três Laranjas…*, livro 2, 1914, p. 25.

32 *O Amor de Três Laranjas…*, livro 1, 1914, p. 16.

88 NA CENA DO DR. DAPERTUTTO

capaz de demonstrar a força do mecanismo teatral. Exigia-se do comediante, além da experimentação prática dos princípios do antigo teatro através da vivência técnica da forma, a compreensão das leis do teatro e, principalmente, o exercício crítico, pois este permitiria articular os limites encontrados na materialização das ideias teatrais, compreendendo-os enquanto linguagem cênica.

Assim, inspirado pelo *commediante dell'arte*, o novo ator deveria saber perguntar: "qual deve ser então meu teatro? A forma apaixonada com que pronunciou a palavra 'meu' basta: sabe-se de antemão que, no paraíso de suas canções vindas de longe, serão reabertos antigos caminhos"[33].

O Perfil Editorial

O perfil editorial da revista-programa demonstrava sua pretensão de criar uma nova cultura teatral, de expandir o conceito da cena para além dos limites demarcados pelo teatro tradicional. Meierhold foi criticado por seus contemporâneos pela "ausência de freios à sua fantasia arrebatadora"[34], e a amplitude das referências teóricas utilizadas impedia, mesmo para os críticos que comungavam com suas ideias, o entendimento e aceitação total de seu projeto artístico.

A revista se articulava a partir de alguns temas[35]: os poemas; os textos teatrais; os artigos, que reúnem ensaios críticos, documentos históricos, série de artigos temáticos, entre outros; as resenhas, que são comentários críticos sobre espetáculos, traduções e títulos publicados; as crônicas do Estúdio e a crônica teatral, uma série de notas, anúncios, comentários sobre o movimento teatral da época. A já citada seção hoffmanniana reúne artigos, poemas etc. sobre Hoffmann, mas não aparece em todos os números da revista. Em alguns encontramos também a divulgação de livros publicados[36] no

33 V. Meierhold; I. Bondi, op. cit., p. 28.
34 E. Bieskin, Tri Apelcina (Três Laranjas), *Teatralnaia Gazieta*, n. 3,
35 Ver a tabela das edições de *O Amor de Três Laranjas...*, infra p. 446-448.
36 Nas edições, a revista é denominada *livro*. No livro 4-5, de 1914, no livro 1-2-3, de 1915, e no livro 1, de 1916.

UM OLHAR SOBRE OS RASTROS

período, além de anúncios pagos e do índice dos números anteriores[37].

Na edição de poemas predomina a produção de Aleksandre Blok, pois este se manteve como uma referência permanente para o encenador e seu grupo durante todos aqueles anos. A publicação da revista tornou possível a reaproximação entre o encenador e o poeta e, em agradecimento à colaboração de Blok à revista e à dedicatória que recebeu em um de seus livros, Meierhold programou uma noite especial: a remontagem de *A Barraca de Feira* e da peça *A Desconhecida*, em abril de 1914. V. Kiniájnin é o segundo poeta mais publicado, seguido de outros colaboradores da revista, como Serguei Radlov e M. Kuzmin.

Nos textos teatrais publicados constam três intermédios compostos pelo grupo da revista, entre eles *O Príncipe Transformado*, de Znosko-Boróvski, com versos do poeta Kuzmin, que foi o único encenado por Doutor Dapertutto-Meierhold, na Casa dos Intermédios em 1910. Além deste, *O Arlequim Apaixonado por Cartas*, de Soloviov, e *Fogo*, de I. Bondi, Meierhold e Soloviov; uma comédia que pretendia dar forma teatral aos acontecimentos políticos em curso. A guerra, motivo principal da comédia, influenciava o cotidiano da revista e do Estúdio diretamente, quer pelo afastamento de seus alunos, atores e colaboradores diretos, convocados ao *front*, quer pela transformação de parte do prédio em que funcionava o Estúdio em local de atendimento dos feridos da guerra, transformando-os em espectadores.

O maior número de textos teatrais publicados são documentos históricos dos modelos dramatúrgicos estudados no Estúdio, os *scenari* e intermédios: *O Empreiteiro da Ópera nas Ilhas Canárias* integra a coletânea de comédias publicadas na Rússia, pela primeira vez, em 1733/35; *Il giuco dell primiera*, presumidamente, de Basílio Locatello, filia-se à tradição do ciclo de *scenari* romanos; o intermédio *O Apaixonado por Si Mesmo* ou *O Narciso*, também publicado em 1733/35, explora as mesmas situações cênicas encontradas em Molière, e suas

---

37 Listagem dos índices das revistas publicadas: I. No livro 1-2-3, de 1915, índices de todos os números publicados em 1914; II. No livro 1, de 1916, índices dos números publicados em 1914 e 1915; e III. No livro 2-3, de 1916, índices de todos os números publicados em 1914, 1915, 1916.

90 NA CENA DO DR. DAPERTUTTO

personagens sem fala exigem dos executantes um grande talento para a pantomima; e *As Desgraças de Polichinello*, que foi retirado da coletânea de cento e oitenta e três *scenari* reunidos pelo conde Annibale Sersale di Casamarchano, provavelmente na segunda metade do século XVII, e encontrada na Biblioteca Nazionale di Napoli.

O desenvolvimento da ação desses *scennari* caracteriza-se pelas mudanças do cenário, ao modo da comédia erudita espanhola, em que a estrutura do enredo está em estreita relação com a localização espacial.

Como exemplares da comédia antiga romana figuram *Os Gêmeos*, de Plauto, e *Os Irmãos Rivais*, de autoria desconhecida, publicado pela primeira vez em 1891. Eram consideradas pelos editores da revista como "um material importante para o esclarecimento de uma série de perguntas sobre a parte iconográfica da *Commedia dell'Arte* e a história dos costumes teatrais", e nelas se podia sentir como "o centro de transferência gravita na fábula e como esta é vazia de conteúdo, sem a criação e a improvisação do ator, capacidade esta que cria um divertido espetáculo a partir do tema"[38].

Nos últimos números da revista foram publicados ainda: *O Gato de Botas*, escrito a partir do conto de Perrault por Ludwig Tieck, poeta e dramaturgo alemão, fundador do drama da fatalidade e um dos grandes representantes do teatro romântico; *A Mulher Serpente*, quinto texto de Carlo Gozzi, encenado pela primeira vez em 1762, acompanhado de um escrito introdutório do autor; e o libreto da ópera *A Avó de Vampuki – A Noiva Africana*, em comemoração aos setenta anos da sua primeira edição, em 1846, e apresentada como exemplar das fontes populares da ópera contemporânea russa.

A seção de artigos tinha como mote central os temas correlatos à comédia italiana, tratados ora do ponto de vista histórico, ora do ponto de vista crítico. Os cinco artigos editados de "Para a História da Técnica Cênica da *Commedia dell'Arte*", de autoria de V. N. Soloviov, são, na verdade, as aulas/palestras por ele proferidas ao grupo de atores participantes do Estúdio. No primeiro, Soloviov apresenta os modelos da tradição

38 *O Amor de Três Laranjas...*, livro 4-5-6-7, 1915, p. 118.

teatral, que seriam abordados nas aulas de Técnica Cênica da *Commedia dell'Arte*: a comédia italiana elevada e as fábulas de Carlo Gozzi, o estudo comparativo do teatro romano antigo, os princípios dos intermédios de Lope de Rueda e a essência dos espetáculos nas feiras de Saint German. Para Soloviov, os estudos teóricos objetivavam dar aos alunos acesso a detalhes sobre o teatro de máscaras italiano, compreendendo seu surgimento na história do teatro da Europa Ocidental.

Nos artigos seguintes, Soloviov expõe os temas práticos abordados no Estúdio pelo método da técnica cênica (sobre o qual trataremos no capítulo seguinte): os motivos dos *scenari* e seu esquema de composição, as máscaras e a improvisação. O jovem estudioso da *Commedia dell'Arte* escreveu ainda o artigo "Experiência de Marcação da Cena da Noite nas Tradições da Comédia Italiana de Improviso"[39], em que demonstra numa descrição pormenorizada, acompanhada inclusive de gráficos, a forma esquemática de composição de uma cena da noite. Para ele, esta cena, identificada em inúmeros *scenari* da *commedia*, exemplifica a singular recepção cênica do jogo do ator na *Commedia dell'Arte*, afirmando-se como um axioma, na medida em que revela as principais premissas de composição dos *scennari*. No seu último texto, "Sobre a Questão da Teoria de Composição Cênica"[40], Soloviov apresenta algumas das conclusões teóricas acerca da composição cênica, obtidas na prática com os atores. Estas não dizem respeito somente à clareza do desenho da *mise-en-scène*, mas preveem, para o desenvolvimento da ação cênica, um outro caráter.

Dois trabalhos tratam diretamente da máscara teatral. O primeiro, "Sobre as Máscaras Teatrais"[41], de K. A. Vogak, aborda o uso da máscara no teatro grego, estabelecendo um elo entre os tipos e caracteres presentes na Comédia Atelana e o emprego das máscaras dos servos, tanto no teatro romano como na *Commedia dell'Arte*, e o segundo, "Os Principais Tipos na *Commedia dell'Arte*[42] é um extrato da monografia de Konstantin

---

39 *O Amor de Três Laranjas...*, livro 1-2-3, 1915, p. 57.

40 *O Amor de Três Laranjas...*, livro 4-5-6-7, 1915, p. 171.

41 *O Amor de Três Laranjas...*, livro 3, 1914.

42 K. Miklachévski, Os Principais Tipos na *Commedia dell'Arte*, *O Amor de Três Laranjas...*, livro 3, 1914, p. 71.

92 NA CENA DO DR. DAPERTUTTO

Miklachévskii sobre a *Commedia dell'Arte*, em que o autor apresenta os tipos teatrais (*tipi fissi*) como fundamento do caráter da comédia italiana, por permitirem ao ator entrar no papel e solidamente se ajustar a ele, desenvolvendo, por seu intermédio, a improvisação. Uma outra parte da monografia de Miklachévskii foi publicada com o título "Sobre os Elementos Acrobáticos dos Comediantes *dell'Arte*"[43], em que são demonstrados os indícios da utilização de elementos acrobáticos na *commedia* e sua função educativa como treinamento para a destreza corporal do ator, na medida em que "a habilidade acrobática contribui para a glória do ator, em pé de igualdade com os outros elementos".

Além da *Commedia dell'Arte*, na *Revista do Doutor Dapertutto* os artigos e reflexões críticas sobre diferentes tradições dramatúrgicas da história do teatro ocidental têm como eixo comum o reconhecimento da similaridade de seus princípios com a tradição teatral popular. O teatro espanhol do Século de Ouro é considerado como um grande sistema que, para eles, assemelha-se somente às tragédias helênicas e ao teatro shakespeariano – a revista pretendeu demonstrar, no artigo "Tirso de Molina e o Teatro Espanhol"[44], a importância do dramaturgo nesta tradição, na medida em que a sua obra foi frequentemente esquecida em face da dramaturgia de Calderón e Lope de Vega.

O desenvolvimento do teatro ibero-americano é abordado por M. Jirmunski no texto "As Comédias de Camões"[45], no qual relata a história da formação do drama nacional português no século XVI e a tradição que o antecede. Para o autor, nos autos de Gil Vicente, nas tragicomédias, nas comédias de costumes e de caráter distingue-se um verdadeiro dramaturgo, com projeto original, desenhando, de forma nítida e variada, figuras plenas de vida. Jirmunski esclarece ainda que a noção de vida presente nessa dramaturgia não deveria ser compreendida como os naturalistas a definiam, mas sim como "a capacidade do autor em construir figuras, algumas vezes reais, outras vezes com um caráter não realista, mas sempre plenas

43 *O Amor de Três Laranjas...*, livro 1-2-3, 1915, p. 79.
44 *O Amor de Três Laranjas...*, livro 2, 1914, p. 40.
45 M. Jirmunski, As Comédias de Camões, *O Amor de Três Laranjas...*, livro 4-5-6-7, 1915.

de características artísticas convincentes". No artigo, Camões é apresentado como o representante da nova comédia portuguesa, e como fundador de uma nova linguagem – em que a alma nacional convive com a estrutura clássica – e avalia-se que a sua dramaturgia comporta um estilo que alia a poesia, a forma do romance e a prosa, pitoresca e leve.

Um outro texto de caráter histórico, "Gaspard Deburau – Sobre a História do Teatro de Funâmbulos"[46], escrito por V. Latchinov, narra o desenvolvimento do trabalho do mímico francês Jean Gaspard Deburau e seu Théâtre du Fonambules, que reinou por vinte anos no teatro parisiense da primeira metade do século XIX. Criador da composição do Pierrô de cara branca, sua técnica cênica, com base acrobática, resultava numa pantomima arlequinada com procedimentos semelhantes aos da *Commedia*.

"O Arlequim Russo"[47] de M. Brianskii e "Sobre os Circos Provincianos"[48] são artigos que identificam, na história teatral russa, aspectos da tradição popular e procedimentos cênicos semelhantes aos da *Commedia* italiana. M. Brianskii reconstrói, de forma bastante imprecisa, a trajetória do ator Ojógin, denominado pelo autor o arlequim russo, o "único cômico glorioso na cena moscovita do passado a estabelecer o elo entre o teatro e o povo". A vida de Andreii ou Aleksandrii Gavrilovitchii, vulgo Ojógin, não foi registrada pela história teatral russa, e o autor lastima que esta se limite a abordar a criação de artistas pertencentes à tradição literária. Para ele, Ojógin distingue-se pela intensa atuação no teatro popular do final do século XVIII e início do século XIX, e suas atuações cômicas – baseadas na desenvoltura do jogo, na relação com a plateia e na improvisação – calavam instantaneamente o povo, que amava cada palavra, cada gesto seu. Em torno da sua figura reunia-se um grupo de alunos a quem transmitia seus conhecimentos, renovando a tradição do teatro popular russo, e sua arte só se assemelhava à do ator Vorobiev, de São Petersburgo.

---

46 *O Amor de Três Laranjas...*, livro 4-5-6, 1915, p.41.
47 *O Amor de Três Laranjas...*, livro 6-7, 1914, p. 93.
48 *O Amor de Três Laranjas...*, livro 4-5-6-7, 1915, p. 151.

94 NA CENA DO DR. DAPERTUTTO

Da história do teatro russo foram resgatados também o crítico e poeta Apollon A. Grigóriev e o dramaturgo A. N. Ostróvski. No artigo "Sobre o Nosso Contemporâneo Appolon Aleksandrovichi Grigóriev"[49], o poeta e colaborador da revista, V. Kniájinin, lamenta o esquecimento a que fora relegado o seu trabalho teórico e crítico sobre a cena russa do século XIX. Grigóriev, crítico e poeta, foi autor de inúmeros artigos que refletiam sobre os aspectos estruturais da literatura dramática e da cena russa, e sua teoria da arte, denominada de crítica orgânica, baseava-se na ideia de que é no interior da arte, e em conformidade com as leis naturais, que se desenvolve a intuição. Suas proposições sobre a obra de Púschkin, Lérmontov, Ostróvski, Dostoiévski e Tolstói, e a atenção que dispensava à arte do ator, defendendo a ideia que este deveria cuidar da criação da forma, pois o trabalho do ator sobre a personagem não destrói o significado e a qualidade do texto, aproximavam Grigóriev, na visão de Kniájinin, do ideário da Revista, tornando-o contemporâneo dela.

O próprio Meierhold recorreu às críticas de Grigóriev sobre Ostróvski para tecer considerações acerca do dramaturgo russo. O encenador apresenta uma explicação social para justificar a boa receptividade do público à montagem da peça *Tempestade*, de Ostróvski, em dezembro de 1859. A dramaturgia ostrovskiana, reconhecida por ele como "difícil, porque faz soar na cena o intolerável para os ouvidos", exigia que o espectador entendesse que "o objetivo do discurso do dramaturgo não é ter uma inteligência sintética, mas encontrar, por meio da palavra, uma prosa originalmente melódica"[50]. O debate em torno da obra de Ostróvski articula-se no amplo discurso sobre a forma do drama que o encenador e seus colaboradores vinham tecendo na revista *O Amor de Três Laranjas* e, neste artigo, Meierhold procura ancorar-se na dramaturgia do referido autor, salientando os aspectos formais que, a seu ver, estruturariam o texto.

O problema da forma do drama é também o principal argumento dos artigos assinados pelo doutor Dapertutto. "Glosas do Doutor Dapertutto para a *Negação do Teatro*, de I. Aikhenval"[51],

49 *O Amor de Três Laranjas...*, livro 4-5, 1914, p. 81-83.
50 Sobre a Remontagem da *Tempestade* de A. N. Ostróvski em cena no Teatro Aleksandrinskii, *O Amor de Três Laranjas...*, livro 2-3, 1916, p. 109.
51 *O Amor de Três Laranjas...*, livro 3, 1914, p. 41-43.

um artigo-comentário no qual o autor/personagem contesta as críticas de Aikhenval ao teatro como arte, e propõe que se instaure uma disputa sobre o teatro. Dapertutto extrai pequenos trechos do trabalho para, em irônicos comentários, contestar a visão do autor acerca do drama, da técnica do ator e da história do teatro. No seu texto, Aikhenval afirmava que o "drama sem teatro é possível, mas o teatro sem o drama é impossível"[52] e recorria à obra shakespeariana para exemplificar a existência de uma dramaturgia, como de um mundo literário autônomo que prescindia da leitura contemporânea. Para o encenador/Dapertutto, ao contrário, o teatro pode prescindir do drama, mas o drama sem teatro é impossível, na medida em que o primeiro, por si só, não se constitui como linguagem.

"Grilo no Fogão ou ao Redor da Fechadura"[53] está inserido no conjunto de artigos assinados por Doutor Dapertutto, mas poderia ser subscrito pelo próprio V. E. Meierhold, apesar de identificarmos uma clara distinção na linguagem utilizada por um ou por outro. O primeiro se expressa metaforicamente e se abstém de identificar os sujeitos da polêmica, preferindo o uso da ironia na descrição das personagens envolvidas, e Meierhold, ao contrário, opta pelo confronto, nomeando diretamente os envolvidos no conflito. Mas tanto "Grilo no Fogão" como o artigo seguinte "Benois-diretor", assinado por Meierhold, retomam, direta ou indiretamente, o debate com o crítico e encenador Benois, dando continuidade ao processo de espelhamento, descrito anteriormente[54], pois problematizam aspectos da cena a partir do confronto com os defensores do teatro naturalista.

No primeiro texto, a polêmica gira em torno da encenação de *O Casamento*, no TAM, e Meierhold critica a pretensão da montagem em criar em cena uma atmosfera íntima, considerada por ele como coercitiva e desprovida de valor artístico. Na análise crítica das propostas de Benois como diretor, Meierhold relembra a posição do crítico a respeito da encenação de *Don Juan*, de Molière. Benois acusou firmemente a montagem meierholdiana de ser um erro fatídico, por não alcançar a ilusão nem a pureza do estilo, ou seja, por não pretender

52 Idem, p. 69.
53 *O Amor de Três Laranjas...*, livro 1-2-3, 1915, p. 89-94.
54 Ver supra, p. 58-61.

96 NA CENA DO DR. DAPERTUTTO

alcançar a verdade. À luz dos argumentos empregados pelo crítico, Meierhold questiona as montagens de *O Doente Imaginário*, de Molière, e dos dramas de Púschkin, realizadas por Benois e contesta a interpretação dada ao manifesto sobre o drama, escrito pelo grande poeta russo. Para Meierhold, o crítico compreende erroneamente a afirmação de Púschkin de que "é belo imitar com delicadeza a natureza e que o principal valor da arte é humilhar-se", supondo que esta humilhação refira-se à submissão ao "autêntico sentido da vida, à sinceridade, à verdade"[55].

O último artigo assinado por Dapertutto, "Uma História Verdadeira, mas Pouco Provável", sobre a visita de uma pessoa distinta na redação de uma revista pouco conhecida[56], é uma fantasiosa narrativa de um colaborador anônimo sobre uma imaginária visita clandestina de Carlo Gozzi à redação da revista. Com o objetivo de defender o mérito literário das suas fábulas, frente às calúnias publicadas, a personagem Gozzi sugere que se indague diretamente ao público acerca das suas impressões sobre o teatro vigente, como proposta de resolução das infinitas disputas teatrais da cena russa.

As resenhas reúnem comentários críticos a espetáculos teatrais, e a edição/tradução de textos "que os redatores da revista publicam com intenção que não é unicamente polêmica, mas serve também para clarear e motivar suas posições no confronto com o teatro realista e com outros teatros, que se encontram mais ou menos na mesma linha de pesquisa que o Estúdio"[57].

A encenação de *Turandot*, de Carlo Gozzi, por Fiodor Komissarjévskii, é duramente atacada por Soloviov. Para ele, a tradução de Schiller "faz desaparecer o sorriso irônico de Gozzi e o substitui pela motivação psicológica"[58]. Além do esvaziamento do jogo das máscaras, é criticado o desenho da cena no espaço, por ignorar procedimentos da composição da *Commedia* como o uso do proscênio etc.

55 *O Amor de Três Laranjas...*, livro 1-2-3, 1915, p. 89-94.
56 *O Amor de Três Laranjas...*, livro 4-5-6-7, 1915, p. 166-170.
57 C. Solivetti, op. cit., p. 170
58 *Turandot*, do Conde Carlo Gozzi na Cena Russa, *O Amor de Três Laranjas...*, livro 2, 1914, p. 47.

K. A. Vogak critica as montagens arqueológicas das comédias de Molière, *Escola de Mulheres* e *As Artimanhas de Scappin*, pelo Teatro Mikháilovski, lembrando que, na arte, a maneira de transmitir e perceber uma obra não pode ser fixada, modificando-se em função do seu contexto. Para o autor, o uso limitado do espaço e a ausência de experiência dos atores na execução da comédia ligeira faziam com que a montagem não conseguisse evitar o perigo de "cansar o espectador com seus trechos ideológicos, fastidiosos e antiquados"[59].

O número maior de críticas está reservado às montagens do Teatro Káerni, inaugurado em 1914 por A. Taírov, que integrou como ator o espetáculo *A Barraca de Feira* no Teatro Komissarjévskaia. Se a encenação de *Sacuntala*, por Taírov, foi recebida com entusiasmo, pois "tudo é belo, teatral" e "essa encenação produziu e absorveu uma grande harmonia", o mesmo não ocorreu com a montagem de *A Vida é Sonho*. Para Ignatov, a peça de Calderón não era clara para o encenador, e "assim como não é possível encenar as fábulas de Gozzi sem conhecer os princípios da *Commedia dell'Arte*, aqui também é preciso compreender, antes, o caráter do teatro espanhol, sendo intolerável diminuir o tempo, estilizar as pausas, tornar a ação lenta e solidificar as colunas"[60]. O debate gira em torno da ditadura pictórica, e é aprofundado na resenha de R. A., "Um Dia Louco ou As Bodas de Fígaro", no qual são denunciadas pelo crítico a "sufocante hegemonia da pintura" e a aspiração do Teatro Káerni de tornar a cenografia o eixo da cena, a escultora da encenação, pois "neste espetáculo tudo se constrói por meio da cenografia"[61].

As últimas edições da revista estampam resenhas sobre dois espetáculos do Teatro Aleksandrinskii. A montagem realizada por Meierhold, *O Príncipe Constante*, de Calderón de la Barca, serve de pretexto para um texto que se insere muito mais como um artigo de reconstrução histórica do teatro espanhol no Século de Ouro. A abordagem que a Revista/Estúdio faz do teatro

---

59   Sobre a Encenação das Comédias *Escolas de Mulheres* e *As Artimanhas de Sccappin* de Molière pelo Teatro Mikháilovski, *O Amor de Três Laranjas...*, livro 2, 1914, p. 40.

60   Teatro de Câmara: *Sacuntala, A Vida é Sonho, O Amor de Três Laranjas...*, livro 6-7, 1914, p. 103.

61   *O Amor de Três Laranjas*, livro 4-5-6-7, 1915, p. 199.

98   NA CENA DO DR. DAPERTUTTO

espanhol é fruto dos estudos sobre o tema, realizados por um subgrupo da classe de atores. Este grupo orientou o encenador na sua composição cênica que contou, inclusive, com a participação de quatro alunos/atores do Estúdio[62].

Quanto à montagem no Teatro Imperial, o articulista concorda que o papel de D. Fernando devia ser representado, como proposto na encenação meierholdiana, por uma atriz, concluindo ser "difícil apresentar uma figura cênica mais cativante, cheia de docilidade, nobreza e santidade" do que a representada pela atriz N. G. Kovalienskaia. Reputa a montagem como "uma das tentativas da nova teatralidade para encontrar formas que simbolicamente representem a conservação da alma aprisionada na ação dramática, nas pinturas e nas cores, na ação e nos sons"[63] e conclui que esta exige do espectador, antes de tudo, uma educação teatral.

As resenhas de livros, traduções etc., gravitam em torno dos mesmos temas dos artigos críticos e resenhas. A obra de Blok, as traduções das tragédias gregas e das comédias de Menandro, os primórdios do teatro russo no século XVIII e sua tradição popular são explorados pelos colaboradores da revista com o objetivo de demarcar uma posição artística contrária aos numerosos debates que se propagavam pelo país sobre a crise do teatro, e que preconizavam sua morte. A revista foi um instrumento de divulgação e de aprofundamento do conceito de teatro popular como um teatro de improviso e gestual, em que se realizava a fusão entre sala e cena por intermédio de um teatro-festa, de um teatro-espetáculo, de um teatro total, no qual todos participavam criativamente.

Se, inicialmente, os procedimentos da *Commedia dell'Arte* foram as armas por meio das quais o encenador e seus colaboradores vislumbravam o caminho do novo teatro, aos poucos, como demonstra a amplitude do conteúdo da revista *O Amor de Três Laranjas*, alcançou-se conceitos mais abrangentes. O termo tradicionalismo teatral, proposto por Soloviov em 1915, demonstra como amadureceu o recorte realizado

62   Crônica Teatral, *O Amor de Três Laranjas...*, livro 1-2-3, 1915, p. 158.
63   M. Jirmunsk, *O Príncipe Constant* de Calderón em Cena no Teatro Aleksandrinskii, *O Amor de Três Laranjas...*, livro 1, 1916, p. 76-77.

UM OLHAR SOBRE OS RASTROS

por Meierhold e seu grupo da História do Teatro. O passado, o retorno às origens "é um ato eminentemente histórico e, apesar disso, é um ato negador da história"[64], pois se apoia na apropriação dos procedimentos, e não na sua reconstrução. E, como veremos a seguir, a prática pedagógica denunciou a eficácia de determinados princípios em detrimento de outros, e exigiu uma seleção objetiva que permitisse, além de promover a formação técnica do ator, educá-lo também para educar a plateia. A prática cênica, a encenação, era o único método seguro de ensino rumo ao novo teatro.

O ESTÚDIO DA RUA BORONDISKAIA

O programa de estudos para o Estúdio concretizava as ideias apresentadas por Meierhold no texto "O Teatro de Feira", e demonstrava que o ator idealizado por ele, naquele período, deveria apropriar-se dos modelos históricos abordados, construindo uma gestualidade convencional, porém livre e inventiva, além de disciplina e concentração absolutas[65]. Meierhold recusou os tradicionais programas escolares e tateou, por sua própria conta, em direção a uma escola-laboratório, ou seja, um espaço de pesquisa, um laboratório para experiências coletivas de aprendizagem.

O caráter laboratorial do Estúdio pode ser atestado pelo depoimento da atriz A. Smirnova[66], que relata a alegria e interesse dos estudantes com o aprendizado que se dava como um laboratório original: os próprios atores abriam seu campo de conhecimento da forma teatral e dos métodos da técnica de representação. Baseado na análise dos procedimentos utilizados por diferentes tradições teatrais, o Estúdio pretendia alcançar a "linguagem específica do teatro contemporâneo, diversa da pintura, da literatura e da ciência [...], em que o corpo

---

64 O. Paz, op. cit., p. 64.
65 F. Malcovati, Introduzione, em N. V. Pessotchinskii, *Vsevolod Mejercol'd – L'attore biomeccanico*, p. 8-9.
66 A. Smirnova, Vstudii na Boronkinskoii (No Estúdio da Borondiskaia), em M. A. Valenteüm et al (orgs.), *Vstretchi s Meierholdom* (*Encontros com Meierhold*), p. 85-86.

é considerado o veículo privilegiado"[67]. Esta análise servia de suporte para uma nova pedagogia teatral.

O grupo de orientadores do Estúdio, que atuava junto com Meierhold, era composto por Mikhail F. Gnessin e Vladimir N. Soloviov, além de S. M. Bondi, I. Bondi, K. Vogak e Ekaterina Munt, os quais desempenhavam diferentes funções, como assistentes ou responsáveis por disciplinas específicas, e como atores-colaboradores na construção das pantomimas ao lado de Soloviov e Meierhold. A prática cênica do Estúdio se articulava sobre três disciplinas básicas: Movimento para a Cena, orientado por Meierhold, Leitura Musical no Drama, ministrada por M. Gnessin (dois cursos que reeditavam a experiência do estúdio de 1909), e uma nova e importante disciplina, História da Técnica Cênica da *Commedia dell'Arte*, a cargo de V. Soloviov.

No primeiro ano as aulas eram realizadas três dias por semana, ao fim da tarde, das dezesseis às dezenove horas. O número foi aumentado para quatro vezes por semana no ano seguinte. Quando da abertura do Estúdio, o valor pago pelos estudantes era de apenas três a cinco rublos mensais[68]. O sistema de pagamento se aperfeiçoou e, em 1915, os participantes desembolsavam quinze rublos pela matrícula, que incluía a assinatura anual da revista, considerada como um material de apoio pedagógico obrigatório, e o valor da mensalidade era definido em função das despesas, o que demonstra o caráter não empresarial do projeto. Existia ainda uma taxa de dez rublos, em novembro e em fevereiro, para os custos de montagem.

Além das disciplinas básicas, promoviam-se regularmente conferências, franqueadas ao público em geral, sobre temas da História do Teatro. As intervenções feitas pelos colaboradores permanentes e por estudiosos convidados versavam sobre temas como: O Renascimento Italiano e o Teatro (Konstantin Miklachévski); Teatro Fantástico (Vereg(u)ina); Máscara teatral (K. Vogak); Grotesco (Meierhold); Improvisação (E. A. Znosko-Boróvski)[69]. Esses tópicos, em alguns casos, constituíram

---

67 B. Picon-Vallin, Les Années 10 a Petersbourg – Meyerhold, la *Commedia dell"Arte* et le bal masqué, em O. Aslan; D. Bablet (orgs.), *Le Masque, du rite au théâtre*, p. 52.

68 A assinatura anual da revista custava três rublos e cada número cinquenta copeques.

69 *O Amor de Três Laranjas...*, livro 2, 1914.

Anúncio das primeiras Conferências no Estúdio V. E. Meierhold, março de 1914.

matéria de artigos da revista, evidenciando um trânsito intenso entre as três atividades: estúdio – debate teórico – edição.

No segundo ano de atividade, o início da Primeira Guerra Mundial deflagrou a discussão sobre a pertinência da manutenção do Estúdio numa situação como aquela. Meierhold insistia na necessidade de que ele fosse preservado, pois "se o Estúdio é um desses estabelecimentos inúteis que, como os restaurantes, devem fechar quando há outras preocupações, então não precisamos de tal estúdio e que ele seja fechado para sempre"[70]. Porém, apesar da transferência para uma nova sede, na Casa dos Engenheiros das Vias de Comunicação, na rua Borondiskaia, n. 6, a guerra criou uma situação de tensão, levando alguns dos estudantes para as trincheiras, ou de volta para a província. Meierhold enfrentava também a dissensão de alguns participantes, e I. Bondi, que no último período conduzia as aulas de Leitura Musical no Drama, na qualidade de assistente de Gnessin, deixou o Estúdio, seguido por antigos parceiros, e o fez por questões de princípios, num atrito explícito com o encenador.

---

70 I. Bondi, Carta à M. F. Gnessin, em novembro de 1914, *Teatr*, n. 1, p. 68-69.

O programa de trabalho não pressupunha matérias técnicas fixas, e novas disciplinas podiam ser criadas a qualquer momento, em função de eventuais demandas surgidas. O trabalho vocal, a ginástica, a dança, a esgrima, a acrobacia, a fabricação de acessórios e máscaras estavam previstas na medida do necessário. O mesmo acontecia com os estudos teóricos temáticos como, por exemplo, a análise dos estilos do desenho e da pintura – egípcios, dos quadros e desenhos japoneses, dos pintores do Renascimento etc. –, com o objetivo de proporcionar fontes concretas ao ator na formação de uma consciência dos desenhos e do que eles podem proporcionar.

As técnicas circenses não foram matéria de um ensino específico no Estúdio, mas a referência ao espetáculo circense era contínua, e Meierhold explicava aos alunos os fundamentos do ofício dos artistas de circo, convidando-os frequentemente, depois das aulas e ensaios do Estúdio, a ir ao circo. Smirnova[71] relata o interesse que o encenador declarava à arte dos *clowns*, e como ele estimulava o aluno a observar nessas figuras circenses seu inerente encanto, a simplicidade da sua conduta no picadeiro e como, sem constrangimento, relacionava-se com todos os intérpretes e com o espectador. A grande sala do Estúdio era decorada por um quadro com motivos circenses, que o encenador usava para demonstrar as habilidades dos artistas de circo, cuja arte dominava simultaneamente a acrobacia, a música e a palavra. O *clown* Donato, pertencente a uma tradicional família circense de São Petersburgo, era um dos frequentadores do Estúdio, mas não encontramos registro de aulas que tenham sido ministradas por ele.

No primeiro ano do funcionamento do Estúdio, a maioria dos estudantes não possuía experiência teatral anterior e ingressava sem provas de admissão. Durante o primeiro mês de trabalho, eram observados pelos professores, que salientavam a responsabilidade e, sobretudo, a capacidade de acatar as indicações como principais critérios para a permanência no Estúdio. Além disso, os alunos eram incumbidos da criação de uma cena, e os que revelassem uma singularidade nas respostas cênicas das tarefas propostas eram convidados a permanecer. O mecanismo

---

71 A. Smirnova, op. cit., p. 95.

UM OLHAR SOBRE OS RASTROS

de ingresso foi se transformando nos anos seguintes, e no segundo ano o Estúdio, agora instalado na rua Borondiskaia, recebeu uma afluência enorme, de mais de cem novos alunos.

É necessário frisar o papel preponderante da presença de Meierhold nesse trabalho, e embora contasse com colaboradores importantes, como veremos adiante, a administração do Estúdio se pautava por ele. Daí que o ingresso e a permanência de um ator qualquer, e a opção por ele, era definida pela visão do encenador, segundo a perspectiva de aproveitamento que ele vislumbrava. Alguns de seus opositores consideravam que o Estúdio constituía apenas um ponto de passagem, visto que despertava grande interesse, mas não fixava um número expressivo de comediantes. A eliminação natural decorria também da heterogeneidade dos alunos, da enorme presença de curiosos, amantes do teatro que viam nas atividades do Estúdio uma forma de se familiarizarem com os debates e polêmicas teatrais que se sucediam na capital do Império.

Para nós, a ação centralizadora do encenador é demonstrada pelo fato de que as suas atividades pedagógicas tinham lugar diretamente no teatro, ou seja, que se dirigiam unicamente para a cena, pois os escolhidos eram alunos que denotavam capacidade criativa e de aprendizado técnico, destinado a plasmar um ideal cênico e a compreender intelectualmente seus requisitos. Meierhold amadureceu os mecanismos de ingresso com o passar dos anos, projetando uma organização rigorosa para a seleção de novos atores, ao final do último período de existência do Estúdio, em 1916.

As provas de admissão no último ano de existência do Estúdio exigiam, além da entrevista preliminar, que os alunos dispusessem de algum grau de musicalidade e elasticidade corporal, de talento mímico, devendo representar uma cena sem palavras sobre um tema que acabara de ser proposto; a *mise-en-scène* seria estabelecida e as principais técnicas demonstradas pelo diretor do Estúdio[72]. Outros atributos teriam de ser observados, tais como a clareza de dicção, o conhecimento da teoria da versificação, bem como de outras áreas artísticas (pintura, escultura, dança e poesia) e, por último,

---

72 Estúdio V. Meierhold (1916-1917), *O Amor de Três Laranjas...*, livro 2-3, 1916, p.14. Ver infra, p. 434.

deveriam responder perguntas do currículo escolar que objetivavam aferir sua familiaridade com a história do drama. É curioso notar a exceção feita aos candidatos que se considerassem tímidos, pois estes, em vez de passar pelas provas, poderiam ser avaliados a partir de apresentações periódicas dos exercícios cênicos durante o primeiro mês de trabalho.

Existia, desde o início do Estúdio, um Núcleo, formado por cerca de vinte a vinte e cinco artistas mais próximos ao encenador, como Serguei Radlov, Iuri e Serguei Bondi. Esses colaboradores produziam artigos para a revista, participavam dos debates, apresentações e encenações, internas e externas, ou eram assistentes dos orientadores[73].

Os alunos eram divididos em dois grupos de trabalho: os avançados e os aprendizes. O primeiro, a classe de atuação, era formado por aproximadamente vinte atores, entre os quais L. Blok e V. Vereg(u)ina, jovens atores do Teatro Aleksandrinskii e de outros teatros profissionais de Petersburgo. Este conjunto dedicava-se à criação de pantomimas, em estreita colaboração com o Núcleo.

O maior grupo, o de iniciantes, era formado por atores menos dotados, estudantes de outras escolas, curiosos e amantes do teatro. Como a classe de atuação, esse grupo foi subdividido a partir das tarefas práticas e temáticas que deveriam executar. A separação não era rígida, e permitia, aos alunos, que aos olhos do encenador demonstrassem capacidades artísticas, participar, eventualmente, nos conjuntos avançados, e mesmo no Núcleo. O exercício da observação tinha importante função pedagógica, tanto para os iniciantes quanto para a classe de atuação. Todos deveriam assistir, e até os alunos que não integravam as apresentações públicas precisavam estar preparados para qualquer solicitação dos orientadores.

Em torno do Estúdio existia intensa circulação de artistas que não exerciam uma atividade sistemática, mas compunham o grupo de simpatizantes do programa meierholdiano: os colaboradores. O poeta A. Blok, V. Briússov, V. Ivánov, antigos parceiros do movimento simbolista, juntavam-se ao compositor

---

73 I. M. Krasovskii, *Iz ópyta Teatralnoi Pedagóguiki V. E. Meierholda 1905-1917 (Da Ótica da Pedagogia Teatral de V. E.Meierhold 1905-1917)*, p. 100.

UM OLHAR SOBRE OS RASTROS

A. Scriabine, ao cenógrafo A. Golóvin e ao estudioso da história do teatro, K. Miklachévski, entre outros.

O espaço era aberto a visitantes, ilustres ou não, e surpreendia pela singularidade do ensino, pois nenhuma escola russa reunia um conjunto de matérias como as que ali eram ensinadas: "declamação, mímica, esgrima, discurso cênico, qualquer coisa que tornasse o ator não só um ator dramático, mas um acrobata, um músico, um iluminador, ou seja, que o ator fosse o dono, com total poder sobre o palco"[74].

Assim como o projeto atraía seguidores, encontrava também detratores. As discussões giravam em torno dos métodos utilizados, do projeto de retorno às origens teatrais, considerado por muitos como uma academia morta, por se ater a uma tradição do passado. Mesmo os críticos que reconheciam o valor pedagógico do empreendimento não se mostravam satisfeitos com os resultados apresentados, analisando-os, unicamente, do ponto de vista da encenação.

A transferência para o prédio da rua Borondiskaia, além da ampliação, permitiu uma organização espacial que exprimia a preocupação do encenador em criar condições físicas para o trabalho criativo. O local tinha um salão e um pequeno palco, com capacidade para aproximadamente duzentos a trezentos espectadores, *foyer*, cozinha, área para o *buffet*, pequeno espaço para fumantes e entrada independente. Para as atividades cotidianas foram retiradas todas as cadeiras da sala principal, e o trabalho se desenvolvia sobre tapetes que delimitavam o espaço cênico no centro da sala.

Meierhold exigia comportamento disciplinado e respeitoso por parte dos alunos, o que incluía não somente a sala de aula, mas também o uso do espaço, rigor quanto ao horário e cuidado com os objetos, os figurinos etc:

A presença em aulas de forma desordenada e o atraso quebram a unidade da aprendizagem do material. As aulas têm duração determinada, com intervalos curtos. A entrada na oficina só é permitida nos intervalos. O aluno que chega atrasado deve, por si mesmo, recuperar o conteúdo perdido. As faltas frequentes

---

74 A. Dieitch, *Golos Pamiati. Teatralnie vpetchatlieniia i vstrietchi* (*A Voz da Memória. Impressões e Encontros Teatrais*), p. 77.

e todo tipo de descuido no trabalho resultarão no afastamento do aluno das apresentações públicas.

É obrigatório avisar, por meio de cartas, telegramas e telefonemas, a impossibilidade de comparecimento ao trabalho.

O uso do uniforme adotado para o trabalho é obrigatório. Os que não conseguirem se trocar dez minutos antes do início das aulas, serão considerados ausentes na aula em curso.

O cuidado com os acessórios é obrigatório para todos[75].

Evidenciava-se o propósito coletivo do fazer teatral, e os atores deveriam resolver as tarefas mais complexas em grupo. A observação dos grupos iniciantes, a criação de exercícios em duplas, trios ou pequenos grupos, pretendia criar um sentido comum em que todos se dedicavam à composição, sem posicionar-se à frente, como ator. As exigências disciplinares constituiam-se no meio pelo qual se exercitava a submissão da individualidade do ator sob a ideia fundamental da obra de arte, na qual o princípio de liberdade artística deveria ser redimensionado.

O cotidiano das aulas concentrava-se no exercício da prática artística e os espetáculos do Estúdio diferenciavam-se das aulas habituais somente pela presença do público. Ou seja, não havia distinção, do ponto de vista do comprometimento e do rigor artístico, entre as aulas e as apresentações públicas. A infração às regras do Estúdio era punida em função da sua gravidade, com o afastamento do aluno, temporário ou total, do trabalho no Estúdio.

No conceito de liberdade com obediência transparece a principal meta do Estúdio, que era "a de compreender no que deveria consistir a liberdade desse ator, e como essa liberdade poderia conviver com a partitura do espetáculo previamente elaborada. No fim das contas o objetivo era definir a máxima correspondência cênica entre o previsto e o improvisado"[76]. O ator precisava estar apto a reagir às mudanças do parceiro, do público, do espaço etc., em um jogo permanente entre formalização e improviso.

---

75 Estúdio, *O Amor de Três Laranjas...*, livro 4-5-6-7, 1915, p. 207. Ver infra, p. 422.

76 V. Tcherbakov, Po obie stroni maskii (Os Dois Lados da Máscara), *Teatr*, n. 1, p. 65.

A resposta de uma jovem atriz do Estúdio, ao ser indagada sobre a diferença entre a escola de artes dramática tradicional que havia frequentado e o Estúdio V. Emilievichii Meierhold, ilustra um outro aspecto dessa formação. "Achava interessante a escola em Kiev, enquanto aqui, no Estúdio, além de ser interessante, eu me divirto"[77].

Na perspectiva meierholdiana do artista improvisador estava implícito, para além da questão técnica, o resgate da alegria – a tradição italiana do Renascimento acreditava ser a capacidade de improvisação de uma pessoa um fator de distinção, tornando sua alma feliz e aberta à inspiração divina. A diversão e o jogo alegre do ator simbolizavam o advento de um novo tempo, de um novo teatro. Meierhold assim descreveu como prenunciava o surgimento desse novo ator:

Com seu caminhar ligeiro, ele virá, aquele que esperamos. Dois espelhos dispostos face a face, e de um lado e outro velas, como na noite da Epifania, criarão um corredor sem fim, e suas molduras douradas enquadrarão a sucessão de muitas épocas teatrais. E nós sabemos desde já que, transpondo umbral após umbral, cada seção do corredor de reflexos, carregando em si a marca de cada uma dessas épocas, ele chegará, o prometido. Então o antigo vai se refletir no novo de uma forma nova, quando vier o novo ator tão esperado[78].

---

77 A. Dieitch, op. cit., p. 83.
78 A Barraca de Feira, *O Amor de Três Laranjas*, livro 2, 1914, p. 24.

4. A Tradição da Teatralidade: Fontes

> *A contradição é o que distingue os homens*
> *dos anjos, dos animais e das máquinas.*
>
> OCTAVIO PAZ

A *COMMEDIA DELL'ARTE* NA RÚSSIA: PERCURSO HISTÓRICO

No início de mil e novecentos, a renovação do teatro moderno foi acompanhada de um revival da *Commedia dell'Arte* e de sua técnica, na qual se inspiraram encenadores inovadores como Craig e Copeau e, entre os russos, Evrêinov, Miklachévski, Meierhold, Taírov e Vakhtângov [1].

A presença da *Commedia dell'Arte*, como fundamento na construção de um novo teatro, na Rússia, foi progressiva, abarcando um complexo panorama cultural que vai do teatro do século XVIII até a terceira década do século XX. Após os anos de febre pelas antigas tradições no início do século passado, os estudos teóricos realizados sobre a *Commedia dell'Arte*, e as relações entre a comédia italiana de improviso e o teatro russo não foram analisadas em profundidade. O caráter espetacular

---

1 C. Solivetti, La Commedia dell'Arte in Russia e Konstantin Miklasevskij, em Konstant Miklasevskij, *La Commedia dell'Arte – o il teatro dei commediante italiani nei secoli XVI, XVII e XVIII*, p. 111.

110 NA CENA DO DR. DAPERTUTTO

da *Commedia dell'Arte*, com seus *canovacci* e *scenari* de improviso, não permitia a análise a partir do modelo literário, e se este aspecto foi fundamental para aproximar a vanguarda do início do século, na Rússia, e toda a vanguarda ocidental no decorrer do século xx, o mesmo não ocorreu com o institucionalizado teatro do período soviético.

O quase desconhecimento da monografia de Konstantin Miklachévski, *La Commedia dell'Arte o il teatro dei commedianti italiani nei secoli xvi, xvii e xviii*[2], publicada em parte em São Petersburgo nos anos que antecederam a Revolução de 1917, e que jamais voltou a ser editada no país, ilustra com precisão este vácuo, na medida em que "este texto, como os artigos contidos na revista *O Amor de Três Laranjas* [...] constituem, de fato, a única base séria, em língua russa, para um estudo aprofundado dos procedimentos teatrais que inspiraram a vanguarda"[3]. Os estudos de Mikhail Bakhtin acerca da cultura popular na Idade Média e no Renascimento foram publicados, no país, em 1965, e apenas na última década surgiram trabalhos dedicados à análise da presença da *Commedia dell'Arte* na vanguarda teatral russa.

Ou seja, desde a vanguarda histórica não encontramos nenhum estudo aprofundado acerca da influência, direta ou indireta, da *Commedia*, nem mesmo na tradição do teatro popular. Na *Enciclopédia Teatral*, do início dos anos de 1960, o verbete destinado ao tema restringe-se à sua presença no seio da própria vanguarda. Entretanto, os "motivos" da *Commedia dell'Arte* ressoam na cultura russa há mais de 250 anos[4]. Meierhold aponta precisamente essa influência na tradição dramatúrgica russa e, principalmente, nas formas populares, no teatro de feira:

A dramaturgia do século xviii e do início do século xix permite-nos constatar como a influência desses italianos estava solidamente enraizada, [...] mas foi nos teatros de feira da Rússia central onde os atores italianos, que haviam representado na corte

2 A monografia foi revisada e publicada em Paris, para onde K. Miklachévski emigrou em 1927, e é considerada pelos especialistas no tema uma obra fundamental pois, como afirma Carla Solivetti, "expressa o feliz encontro entre o trabalho de pesquisa e o exercício prático do teatro".
3 C. Solivetti, op. cit., p. 113.
4 V. Tcherbakov, *Nasliedie Italianskoi Komiedii Maski v Teatre 1910/1920 gg. Meierholda, Tairova, Vakhtangova* (*A Herança da Commedia del' Arte no Teatro dos anos 1910/1920 de Meierhold, Taírova e Vakhtângova*).

A TRADIÇÃO DA TEATRALIDADE: FONTES   111

de Anna Ioanovna, exerceram sua mais brilhante influência até hoje. As tradições da *Commedia dell'Arte*, que o ator russo rejeita completamente, enraizam-se profundamente nos teatro de feira do povo russo. E se não foi encontrado nenhum sucessor para Kniájnin[5], nem por isso o teatro dos italianos deixará de exercer sua influência sobre os destinos do teatro russo[6].

A presença da *Commedia* e o caminho percorrido por ela na Rússia mesclam-se com a própria formação do teatro no país, porém, como forma da tradição oral, só pode ser compreendida em toda sua extensão se estudarmos em profundidade a trajetória histórica das formas populares. O quadro seguinte não pretende afirmar categoricamente a existência da *Commedia* em cada evento citado, mas traçar o percurso histórico da presença de elementos do teatro de máscaras italiano no palco russo até a revolução de 1917.

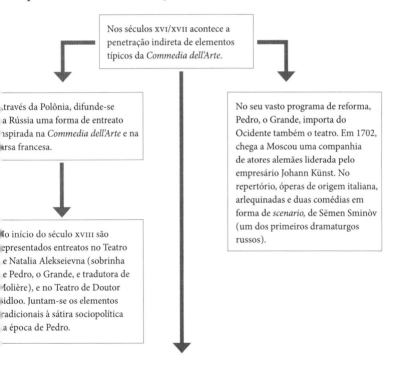

Nos séculos XVI/XVII acontece a penetração indireta de elementos típicos da *Commedia dell'Arte*.

através da Polônia, difunde-se a Rússia uma forma de entreato inspirada na *Commedia dell'Arte* e na arsa francesa.

No seu vasto programa de reforma, Pedro, o Grande, importa do Ocidente também o teatro. Em 1702, chega a Moscou uma companhia de atores alemães liderada pelo empresário Johann Künst. No repertório, óperas de origem italiana, arlequinadas e duas comédias em forma de *scenario*, de Sëmen Sminòv (um dos primeiros dramaturgos russos).

No início do século XVIII são representados entreatos no Teatro de Natalia Alekseievna (sobrinha de Pedro, o Grande, e tradutora de Molière), e no Teatro de Doutor Bidloo. Juntam-se os elementos tradicionais à sátira sociopolítica da época de Pedro.

---

5 L. B. Kniájnin (1740?-1791). Poeta, autor dramático e tradutor, representante do classicismo do século XVIII. Crítico agudo do servilismo, exerceu influência sobre os participantes do movimento decembrista.
6 Ver infra, p. 291.

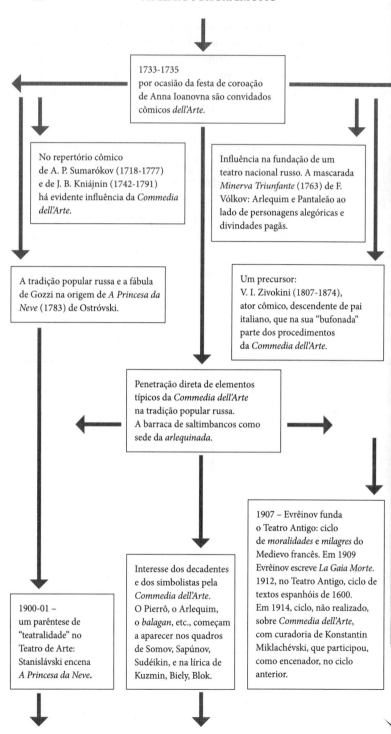

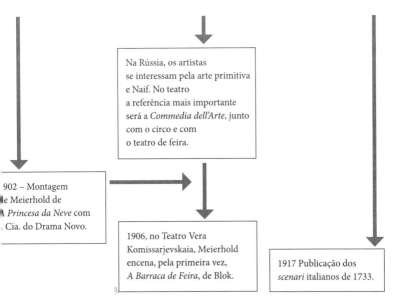

A primeira fase de influência foi indireta e não se limitou à esfera da corte. Há relatos de uma apresentação, para um seleto público, do grupo mambembe Eikienbierg, proveniente da Alemanha, por volta de 1720, mas a primeira trupe de comediantes italianos foi enviada por Augusto II, em 1731, diretamente da Itália, como presente à Anna Ioanovna, na ocasião da sua coroação. Existem indícios da permanência de um outro conjunto, em 1733, por um período de um ano de meio. E, finalmente, em 1835, chegou uma trupe composta por quatro companhias: de comédia, de entreatos, de ópera e de balé. "É evidente que a apresentação na corte não pode oferecer uma visão muito clara ao embrionário e incipiente teatro russo, mas o lançamento de uma coletânea de *scenari* […] difunde, na Rússia, a óptica da *Commedia dell'Arte*"[7].

Além da divulgação de um repertório, Solivetti registra ainda a construção de um teatro, a criação das primeiras instituições de formação musical e teatral e, principalmente, o estabelecimento de uma *prática teatral*, como consequência da passagem dos comediantes italianos e alemães.

As relações entre a comédia italiana de máscara e o teatro russo evidenciam-se no drama popular. Para Antonio D'Orrico e

7   C. Solivetti, op. cit, p. 112.

Andrea Vancini, o resultado desse encontro é "que Arlequim, Kedril (ou Pedrilo, ou Petrusca) e Pantaleão tornaram-se as *figuras histriônicas* queridas do povo russo, heróis do *lubok* e dos entreatos do teatro nacional"[8]. Entretanto, o problema da gênese de Petrusca não pode ser reduzido a uma única fonte, por ser ele uma das figuras das narrativas épicas surgidas do folclore e da criatividade popular. A tradição oral do teatro popular impede-nos de estabelecer com precisão a evolução de Petrusca e o modo exato de sua origem, mas uma das hipóteses mais verossímeis é que ele tenha nascido do encontro do bufão russo com a comicidade e o exemplo dos comediantes italianos.

A estreita relação entre o teatro de feira russo e os elementos da comédia italiana estende-se a outras manifestações populares. A máscara da personagem cômica italiana estabeleceu uma profunda raiz no *lubok* russo. E não podemos excluir a influência direta do teatro italiano, que na metade do século XVIII apresentava-se frequentemente em São Petersburgo.

No século XX, o retorno à *Commedia dell'Arte* resultou do influxo cultural produzido pelo simbolismo, no qual "a máscara – mediada pelo romantismo alemão e pelo simbolismo francês – acena com um mundo de fantasia grotesca e de evasão poética". A *Commedia* italiana tornou-se, no período pré--revolucionário, "um exemplo de *um teatro autenticamente teatral,* independente da literatura, uma *escola* rigidamente profissional, de elevado valor pedagógico, no qual a máscara – livre de todo sentido simbólico e alegórico – readquire a sua dimensão original, a jovialidade e a vitalidade cômica, a sua função dinâmica e, ao mesmo tempo, rigidamente estática"[9].

O ESTUDO DA TÉCNICA CÊNICA
DA *COMMEDIA DELL'ARTE*

No Estúdio de V. E. Meierhold, a *Commedia dell'Arte* adquiriu um estatuto modelar. Além de encenadores como Evrêinov, Meierhold e Taírov, dois nomes se distinguiram, no teatro russo,

---

8 A. D'Orrico; A. Vancini, L' avanguardia teatrale russa nel novecento e l' idea di Commedia dell'Arte, *Quaderni di Teatro* n. 6, p. 115.

9 C. Solivetti, op. cit., p, 108.

A TRADIÇÃO DA TEATRALIDADE: FONTES

como responsáveis pelo seu estudo e reflexão teórica: Konstantin Miklachévski e Vladimir Soloviov.

Konstantin Miklachévski (1886-1944), ator, encenador, crítico e teórico de teatro, foi autor da monografia *A Commedia dell'Arte ou O Teatro dos Comediantes Italianos no Século XVI, XVII e XVIII*, editada na Rússia em 1914-1917, e em Paris, em uma edição ampliada, em 1927. A obra, concebida originalmente para um ciclo de conferências acerca da *Commedia dell'Arte* organizado pelo autor e por Nikolai Evrêinov no Teatro Antigo, expressa

como devemos atribuir a ele e a Evrêinov [...] uma prioridade de análise teórica sobre a técnica da *Commedia* com a intenção precisa de revivê-la na cena, ainda que, na prática, foram Meierhold e, mais tarde, Miklachévski, que a traduziram concretamente como experiência didática e cênica[10].

Através de conferências públicas, debates e a publicação de trechos da monografia na revista *O Amor de Três Laranjas*, Miklachévski levou ao Estúdio Meierhold um conhecimento teórico sobre a *Commedia*. Suas ideias equiparavam o teatro a outras formas literárias, ainda que negligenciassem problemas como a técnica do ator e a encenação do espetáculo, e deram continuidade à colaboração iniciada no verão de Terioki (em que participou como ator).

A biografia de Vladimir Nikolaievitchii Soloviov abrange rica atividade como crítico teatral, pedagogo e encenador. Filho de funcionários de um teatro, Soloviov atuou em espetáculos amadores e realizou seus primeiros estudos teatrais com N. A. Popov[11]. Sua trajetória artística está intrinsecamente vinculada ao encenador V. E. Meierhold, de quem se aproximou a partir de 1911, tornando-se seu fiel companheiro, responsável pelos estudos da comédia de máscara italiana. Apesar dos seus vinte e quatros anos, o jovem estudante de filologia

---

10 Idem, p. 114.

11 Nikolai A. Popov (1871-1949), diretor e dramaturgo. Dirige a Cia. Vera Komissarjévskaia entre 1904 e 1906, tendo sido responsável pela montagem de textos de Tchékhov, Hauptmann, entre outros. Sua carreira como encenador inclui a direção do Jovem Teatro de São Petersburgo, do Bolshoi Teatro de Moscou, entre outros. Escreve a primeira monografia sobre Stanislávski, em 1909.

era considerado uma *enciclopédia viva*, e na maturidade atuou como pedagogo e crítico teatral, além de encenador.

A sua paixão pela arte dos teatros antigos o transformava, na visão de Ripellino, em "um campeão fanático do 'tradicionalismo', um extravagante entusiasta de atelanas, de antigos espetáculos russos (como, por exemplo, *A Ação da Fornalha*), de dramas espanhóis e sobretudo das máscaras"[12] e, "onde quer que se encontrasse, disparava a falar das personagens da *Commedia dell'Arte*"[13]. Entretanto, ao contrário de Miklachévski, sua tese *A História das Relações entre a Itália e a França nos Séculos XVII e XVIII: Arlequim e Esmeraldina* jamais foi publicada, e seus escritos sobre o tema restringem-se aos artigos editados na revista do Estúdio.

De 1913 a 1915 suas atividades artísticas concentraram-se no Estúdio da Rua Borondiskaia e na revista *O Amor de Três Laranjas*. Seu afastamento, no inverno de 1916, foi anunciado em uma curta nota da revista, e como não há uma exposição dos motivos, supomos que tenha sido convocado para o serviço militar, pois, comprovadamente, participou da Primeira Guerra Mundial, então em curso. Após a Revolução de 1917, colaborou como encenador em diversos teatros em São Petersburgo e lecionou no Instituto de História da Arte.

Como articulista e teórico, além da efetiva participação na revista do Estúdio, foi colaborador das revistas *Vida e Arte* (*Jizn Iskusstva*) e *O Trabalhador e o Teatro* (*Rabotchi i Teatr*), nas quais publicou inúmeras resenhas críticas sobre as principais montagens meierholdianas nos anos de 1920, artigos críticos sobre a técnica do novo ator e, em especial, sobre o tradicionalismo teatral como um projeto de recuperação dos modelos do teatro antigo na cena russa.

O seu manual, *As Bases da Direção*, escrito em 1941, pouco antes da sua morte, em que analisa o trabalho da direção e o papel do ator na criação do espetáculo, foi, durante muitos anos, o único material didático sobre o tema na Rússia[14]. Apesar de não mencionar o nome de Meierhold, expurgado desde

---

12 *O Truque e a Alma*, p. 145.

13 A. Mguebróv, apud idem, ibidem

14 M. V. Abramov; V. V. Norienko, Aktior Kak predmet pedagogicheskoi déyatel'nosti regissiora v metóde V. N. Soloviov, *Iz Istorii Stsenitchieskoi Pedagoguiki Leningrada* (O Ator como Objeto da Atividade Pedagógica do Diretor no Método de V. N. Soloviov, *Sobre a História da Pedagogia Cênica de Leningrado*).

A TRADIÇÃO DA TEATRALIDADE: FONTES

fevereiro de 1940, o manual demonstrava o amadurecimento das ideias de Soloviov e a herança meierholdiana.

Ainda em 1926, Konstantin Tverskoi reclamava do injusto espaço ocupado por Soloviov na história do teatro russo, considerando que sua dificuldade de autopromoção não permitiu o reconhecimento da sua "erudição, imaginação brilhante e gosto impecável"[15].

V. N. Soloviov teve, como Meierhold, uma espécie de alter-ego: Volmar Lucinius, com o qual assinava as pantomimas e arlequinadas de sua autoria, enquanto seu verdadeiro nome era vinculado apenas aos estudos teóricos e históricos. Sua primeira pantomima, a arlequinada *Arlequim Paraninfo*, concebida como um inventário de truques, de gracejos, de brincadeiras próprias ao teatro, foi dirigida por Meierhold três vezes: em novembro de 1911, no Círculo dos Nobres de São Petersburgo; na casa do escritor Sologoub, no início de 1912; e no verão do mesmo ano, em Terioki. Era um estudo da forma da comédia de máscara, sem palavras, uma investigação teatral depurada e silenciosa, que experimentava um novo modelo de convenção cênica, ou seja, de elaboração de um roteiro de ações com motivos retirados da *Commedia*.

A sua colaboração no Estúdio de V. E. Meierhold, como responsável pela classe de *Commedia dell'Arte*, foi, para Meierhold, um estágio para o seu trabalho posterior por propiciar o aprendizado dos procedimentos a serem utilizados nos estudos e pantomimas elaborados nas aulas do encenador. É impossível compreender o projeto pedagógico meierholdiano no período sem os aportes teóricos de Soloviov.

Na prática, o estudo denominado por ele de *técnica cênica* tinha como principal objetivo "decifrar o texto dos roteiros: antes de tudo, criar uma *mise-en-scène* convencional, depois fazê-la reviver com palavras durante a peça, no mesmo instante, no momento de tensão da ação, e não inventá-las antecipadamente"[16].

Como meio de educação do ator, a aplicação da técnica cênica pressupunha duas práticas independentes, mas comple-

---

15 K. Tverskoi, V. N. Soloviov, *Rabotchi i Teatr*, n. 34.
16 Para a História da Técnica Cênica da *Commedia dell'Arte*, *O Amor de Três Laranjas…*, livro 1, 1914, p. 14.

mentares. Os estudos teóricos precediam os estudos práticos sobre a *Commedia dell'Arte* e eram o meio pelo qual, como afirmou Soloviov no discurso de inauguração do Estúdio, "se pode adivinhar a individualidade artística de vocês, entender qual das máscaras vocês podem encarnar, o que é mais próximo e querido ao coração de vocês"[17]. O seu valor pedagógico era, exatamente, o de permitir ao encenador reconhecer as capacidades expressivas, o *eu artístico* de cada intérprete.

No início do curso, em 1913, Soloviov confessava-se *embaraçado* por não poder dar amostras evidentes sobre a técnica do ator, na medida em que esta "só existe durante a sua vida e morre junto com ela. Depois da morte, sobram só as memórias dos contemporâneos sobre o seu desempenho"[18]. No método da técnica cênica, o trabalho teórico objetivava a análise histórico-literária dos textos e roteiros, e permitia demonstrar aos alunos quais os meios e procedimentos técnicos que possibilitavam ao ator construir o jogo expressivo de uma determinada máscara.

Publicado em cinco partes "Para "a História da Técnica Cênica da *Commedia dell'Arte*", forma o mapa dos temas teóricos e da abordagem prática feita pelo orientador nas aulas. A partir da análise realizada em mais de trezentos *scenari* foi elaborado o "esquema primário" da *Commedia* e a função de cada máscara no desenvolvimento da ação. Salientando a estreita relação entre os *scenari* e a Comédia Antiga, Soloviov indica aos alunos do Estúdio, prioritariamente, a leitura de textos como os de Arentino, Plauto, Maquiavel, entre outros, pedindo cautela no exame dos recursos iconográficos, pois estes poderiam conduzi-los à redução da técnica teatral a uma expressão meramente pitoresca. Sabemos, entretanto, que o rico acervo de gravuras de Callot do Museu Ermitage, em São Petersburgo, constituiu, além dos *scenari*, outro instrumento de análise de Soloviov.

Os artigos teóricos denotam uma noção integradora entre ator/máscara/personagem e ação/espaço. Por meio da análise dos *scenari* são descritas as principais máscaras, suas características físicas, de gesto e movimento, além da sua função no desenvolvimento da ação. A estrutura da *Commedia* foi identificada por Soloviov da seguinte forma: a parada e o prólogo; a segun-

17 Idem, p. 10.
18 Idem, Ibidem.

A TRADIÇÃO DA TEATRALIDADE: FONTES

da parte, que apresentava o desenvolvimento cênico em três atos, compostos por inúmeras cenas separadas, podendo-se incluir intermédios de dança e/ou canto, executados por atores que não representavam na peça principal; e a terceira parte, que "acumula, ao mesmo tempo, o *plausum date* e a *saída final* dos atores no espaço cênico"[19].

Ainda que regido por um olhar apaixonado e, por isso mesmo, com uma tendência totalizadora, Soloviov compreendia a *Commedia dell'Arte* como *um meio*, como forma teatral da qual se podem apreender diversos elementos cênicos, tornando-se, para o ator, um modelo de composição da improvisação. O novo ator deveria encontrar a emoção teatral como na tradição da comédia improvisada: ancorado na ausência de motivação psicológica e nas características conhecidas da personagem. Sua expressão se constituiria por meio da arte do gesto, das poses, da coordenação do movimento do seu corpo no espaço onde se origina a ação.

O uso da máscara apoiava-se no reconhecimento de cada ator da *sua máscara,* aquela que melhor expressava a sua personalidade física e psíquica – máscara não se referia ao objeto-máscara, mas, ao contrário, era "a escolha de um *desenho,* no senso concreto do termo, desenho de um corpo em movimento no espaço"[20]. A máscara-corpo formava uma expressão cênica única, associada a todos os outros elementos, como figurino, adereços etc.

O objeto-máscara, no Estúdio, não seria jamais cópia da *Commedia dell'Arte,* até porque seus meios de construção artesanal não eram dominados, e todas as tentativas de fabricação produziram objetos rudimentares. A técnica cênica de Soloviov referia-se diretamente ao jogo da máscara, e esse se organizava por meio da habilidade e da precisão corporal do ator, da sua capacidade de manipular objetos e da caracterização das personagens a partir da exploração de aspectos não humanos. A associação entre as personagens e os animais foi uma constante nos exercícios da classe de Soloviov, permitindo descolar a imagem corporal do cotidiano.

19 Idem, livro 6-7, 1914, p. 70-71.
20 B. Picon-Vallin, Les années 10 a Petersbourg – Meyerhold, la Commedia dell'Arte et le bal masqué, em O. Aslan; D. Bablet (orgs.), *Le Masque, du rite au théâtre,* p. 153.

120 NA CENA DO DR. DAPERTUTTO

No primeiro ano de trabalho (1913/1914) percebemos uma grande atenção em educar o ator do ponto de vista teórico, enfocando a tradição da comédia a partir do seu desenvolvimento histórico, com o objetivo de identificar as fontes necessárias ao estudo da comédia italiana de improviso. *Grosso modo*, os temas eram divididos em três grandes épocas: o Império Romano, em que se analisava a origem da função teatral em Roma e as formas derivadas da comédia romana, além do estudo da mímica; a arte medieval e a tradição dos menestréis; e, por último, seguindo o percurso da tradição dramatúrgica da comédia, focalizava-se Maquiavel, Carlo Gozzi, Goldoni, Molière e Hoffman[21].

Soloviov dividia os trabalhos práticos em dois campos: o estudo das convenções das principais máscaras, partindo do esboço e da organização de todos os movimentos e procedimentos das personagens da comédia italiana; e a experimentação dos princípios da composição cênica, em particular da geometria da *mise-en-scène*.

Nas aulas e nos trabalhos práticos com Soloviov, representávamos os *scenari* da *Commedia dell'Arte*, interpretávamos as leis fundamentais do teatro, da composição cênica, e estudávamos como nos apropriarmos do espaço, construindo a encenação. Nos exercícios com Soloviov, dominávamos os elementos da encenação, da arte do ator, da técnica cênica. Assimilávamos o *podus decaricus* [movimentos fundamentais das personagens da comédia de máscara italiana], a dança bergamesa, o passo *croisad*, as paradas teatrais, intermédios, o desenho geométrico da encenação, *ztak otkaza* [sinal de recusa][22], a combinação dos números pares e ímpares, *jeux du théâtre* [brincadeiras comuns ao teatro] etc. Treinávamos muitos passos, saltos, reverências, golpes de bengala, o domínio do chapéu, capa, espada, lança e outros atributos da encenação teatral[23].

---

21 Crônica do Estúdio, *O Amor de Três Laranjas...*, livro 4-5, 1914, p. 93. Ver infra, p. 398.

22 É um princípio do movimento cênico formulado neste período no Estúdio. Pode ser compreendido, genericamente, como uma ação contrária à que se pretende realizar, com a finalidade de acentuar a expressividade da mesma. Entretanto, não é uma ação isolada que precede a ação principal, como também não é o acento da ação, mas o impulso contrário gerador da ação.

23 A. Gripitch, Mestre da Cena, em M. A. Valenteii, Utchitielli Stsienii et al, *Vstrietchi s Meierholdom (Encontros com Meierhold)*, p. 123.

A partir da análise de documentos iconográficos era criado para cada máscara um vocabulário de movimentos que, posteriormente, era fixado em exercícios determinados, de modo a permitir que fossem assimilados por novos alunos. Construíam-se formas fechadas de exercícios, a fim de que as posteriores etapas possibilitassem um tratamento livre e individual destes meios.

O passo *croisad*, ou passo cruzado, foi tomado como um movimento básico de organização corporal, constituindo uma *marcha cênica*. Sua essência, para Soloviov, "está encerrada no fato das pernas se organizarem a qualquer momento, a cada passo, formando um ângulo reto durante a marcha [...]. Este passo regulariza o movimento dos braços, habituando-os a uma estabilidade e contribuindo para promover a clareza do passo"[24]. Os atores deslocavam-se no espaço partindo desse modo de andar, sobre o qual se acrescentavam as características individuais de cada máscara, construídas segundo o vocabulário e a habilidade gestual de cada ator.

Soloviov e seus alunos realizavam esboços de uma gramática de movimentos adequados para cada máscara, e somente após a assimilação dos exercícios fixados iniciava-se a prática da improvisação. Do mesmo modo, a dança bergamesa, apresentada como uma "ficção pedagógica, necessária à superação das futuras dificuldades técnicas"[25], foi definida por Meierhold, no início dos anos de 1920, como uma forma de exercício que concentrava elementos técnicos e expressivos importantes, e cujo domínio servia de condição para o ator superar tarefas posteriores análogas. Nela, os alunos exercitavam o que Soloviov considerava o mais difícil procedimento técnico do ator italiano: a destreza de colocar-se de acordo com o parceiro:

Este procedimento, a habilidade de colocar-se de acordo com o parceiro, não apenas torna orgânica a definição do momento de tensão da ação, quando um ator transmite ao parceiro a sua iniciativa

---

24 Para a História da Técnica Cênica da *Commedia dell'Arte*, *O Amor de Três Laranjas...*, livro 4-5, 1914, p. 59.

25 Crônica do Estúdio, *O Amor de Três Laranjas...*, livro 1, 1914, p. 61. Ver infra, p. 388.

cênica, mas prepara o outro ator para replicar, por meio de uma combinação cênica [...] construída na mescla dos números pares e ímpares das personagens na cena[26].

Para Soloviov, era este aspecto que criava a sensação de unidade no jogo cênico e aprimorava a capacidade de sincronização da ação dos atores, integrando-os no espaço, sem que rompessem a estrutura de composição da obra. Na ordem dos procedimentos apresentados nas aulas de Técnica Cênica seguia-se o *sinal de recusa*.

Frequentemente, no teatro, este sinal está em contradição direta com as leis da lógica. Assim, a impressão de temor recebida pelo espectador é mais forte quando o ator não se desloca para o lado oposto do objeto, produzindo a sensação de medo, mas, ao contrário, quando se aproxima dele. Tal espectador observará muito mais o objetivo do ator, quando ele, primeiramente, antes de ir, retroceder o corpo um pouco para trás, indo em seguida

Por isso, a essência do procedimento *sinal de recusa* é necessária e deve servir como premeditação, reforçando e sublinhando o objeto cênico. Para alguns atores, a intensificação e o realce do movimento cênico constituem o melhor meio teatral de expressão, junto com o uso necessário da convenção, para o desenvolvimento da tensão da ação[27].

A presença do ator no espaço cênico, munido dos procedimentos apontados acima, era regulada segundo a quantidade de personagens na cena e a partir da percepção geométrica do palco. A cada deslocamento das personagens eram traçadas linhas, dinamizando o espaço de acordo com os movimentos. A formatação da cena obedecia experimentalmente às mais diversas figuras – quadrado, losango, trapézio e círculo – e de cada uma emergia um sentido dramático, em função da combinação do número de personagens.

No artigo "Sobre a Questão da Teoria de Composição Cênica"[28], Soloviov adverte que não pretende proferir a última palavra sobre o tema, mas expor parte das reflexões advindas das experiências efetuadas com os alunos do Estúdio,

---

26 Op. cit., p. 62.
27 Idem, p. 63.
28 *O Amor de Três Laranjas...*, livro 4-5, 1914, p. 175.

que exploravam a configuração do espaço a partir de séries numéricas.

O número par de personagens exige, no desenho geométrico da representação, a prevalência das linhas retas, distribuídas segundo o princípio do paralelismo [...]. A figura geométrica perfeita, ou seja, o círculo, está presente no desenho geral, como movimento conclusivo necessário para o final da comédia e para a passagem de uma cena a outra. Ao conceito de círculo cênico acha-se intimamente ligado o conceito do número díspar de personagens, uma das quais (geralmente Esmeraldina ou a viúva Eulária com quatro maridos vivos, cuja aparição é de improviso) conclui a ação, dissolvendo os numerosos nós da ingênua trama. A aparição desta personagem obriga a modificar a forma do quadrângulo num polígono inscrito com um número díspar de lados, um dos quais é ocupado, no vértice (no ponto mais longínquo do palco), pelo personagem que entra por último[29].

Para ele, o desenvolvimento do roteiro relacionava-se diretamente com a alternância do número de comediantes em cena. O revezamento do número par e ímpar conferia o seu dinamismo, pois o número ímpar suscita o conflito, a tensão na ação e, ao contrário, o par dilata o conflito, tornando a ação mais complexa, na medida em que introduz as intrigas paralelas.

Entretanto, para começar o trabalho prático sobre a teoria de composição cênica, é preciso compreender a existência da diferença entre o *tema* e o *enredo*. A diferença entre eles, para Soloviov, revela-se de forma simultânea, no desenrolar do arcabouço do roteiro, na base da composição. O tema não organiza o tempo no qual transcorre a ação cênica, cabendo ao enredo o seu desenvolvimento, que comporta a ação exterior das personagens, dividida em três partes precisas: ponto de partida, partes da intriga e desenlace.

Podemos identificar os temas das preleções por meio dos artigos editados na revista *O Amor de Três Laranjas*. A partir de 1915 observa-se a diminuição de títulos relacionados ao teatro de Carlo Gozzi e o crescente interesse pela obra de autores pertencentes ao teatro do Século de Ouro espanhol, além do tratamento de outros temas específicos. Temas estes

---

29 C. Solivetti, op. cit., p. 154.

que contém a síntese de alguns procedimentos cênicos passíveis de elaboração teórica, como é o caso da análise detalhada que Soloviov realizou da *cena da noite* nas aulas de Técnica Cênica.

É evidente, neste período do Estúdio, a dedicação a temas relacionados a aspectos da composição cênica. No artigo "Experiência de Marcação da *Cena da Noite* nas Tradições da Comédia Italiana de Improviso", Soloviov afirma: "Podemos notar nesta condição as fases dos procedimentos cênicos do jogo do ator no espetáculo italiano de improviso, mas podemos ainda colocar nossas mãos na ação cênica, que é indispensável para a criação do Novo Teatro"[30].

---

30 *O Amor de Três Laranjas...*, livro 1-2-3, 1915, p. 57.

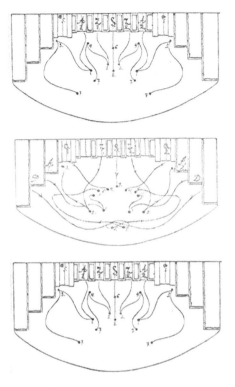

A esquematização da *cena da noite*, ilustrada acima pelos desenhos de A. V. Rikov, resume, além do conceito de geometrização do espaço e da ordem numérica das personagens, a maneira como o ator, de forma inteligente, deveria coordenar o movimento do seu corpo no espaço, onde se localizava a ação e o princípio cênico do paralelismo, da ocupação da cena na sua totalidade. Foram identificadas inúmeras variantes da *cena da noite*, que agregavam elementos importantes para o desenvolvimento do enredo: o caráter coletivo, com entradas e saídas das personagens, a dissimulação das máscaras – que se faziam passar por outras, criando pequenas intrigas, ao mesmo tempo em que esclareciam o caráter de cada personagem e seu papel no enredo.

No programa seguinte, 1915/1916, intensificou-se a prática de composição independente pelos alunos, na qual deveriam aplicar o conhecimento adquirido nas aulas teóricas e os princípios da técnica cênica de improvisação da *Commedia dell'Arte*. Soloviov observava o "engajamento dos alunos", em

126 NA CENA DO DR. DAPERTUTTO

especial a atenção dedicada ao uso do espaço cênico e sua divisão em planos. Eles eram obrigados a fazer uso de um espaço cênico pré-definido: a ação inicial dos roteiros deveria transcorrer, obrigatoriamente, na elevação de duas escadas/rampas laterais, transferindo-se para o proscênio, que se encontrava um pouco mais abaixo, no decorrer do desenvolvimento do enredo. "Nesse novo tablado foi representada *ex improviso* pelos comediantes do Estúdio uma série de estudos, com o fim de assimilação dos princípios de representação condicionados pelo novo espaço teatral"[31].

Nas aulas práticas aprofundava-se a criação de grandes composições, cujo objetivo era a elaboração do desenho geométrico e da *mise-en-scène*, com atenção especial para o desenvolvimento do conjunto artístico. E, em resposta às demandas de técnicas específicas, os atores deveriam elaborar estudos visando a resolução de alguma tarefa, absolutamente técnica.

Na elaboração dos estudos, o ator deveria aplicar o repertório de ações cênicas aprendido e, como no espetáculo *dell'Arte*, sua composição deveria estar baseada em roteiros de caráter fantástico, aliando um jogo de forças infernais e truques cênicos, o que multiplicava a exigência de virtuosismo do ator.

O modelo da *Commedia dell'Arte*, aplicado por V. N. Soloviov, por intermédio da *técnica cênica*, constituía-se num elaborado método teatral, sobretudo analítico. A base da análise dos conteúdos da comédia italiana não se apoiava na capacidade interpretativa de cada ator, mas na sua habilidade em elaborar – baseando-se em dados históricos, iconográficos, da técnica do movimento, do tema, do enredo, da estrutura espacial – sua ação cênica e inseri-la dialogicamente no conjunto da cena. A *Commedia* servia como exemplar do complexo conjunto do jogo teatral, na medida em que exigia do ator aptidão cênica e capacidade de composição.

---

31 Crônica do Estúdio, *O Amor de Três Laranjas...*, livro 1-2-3, 1915, p. 154. Ver infra, p. 419.

ABORDAGENS AO PROBLEMA DA PALAVRA: LEITURA MUSICAL DO DRAMA E TÉCNICA DO DISCURSO POÉTICO E EM PROSA.

A palavra obriga o ator a ser músico.

MEIERHOLD[32]

Em resposta às críticas do ator e encenador Andrei Petrovskii à péssima dicção e à voz incompreensível dos alunos do Estúdio, quando das apresentações públicas de 1915, Meierhold replicou que, naquele momento, estavam dedicados apenas ao estudo do movimento para a cena.

Petrovskii, após a resposta de Meierhold, concluiu que "o teatro das *três laranjas* tem variedade exterior, mas é interiormente vazio"[33]. A associação direta entre corpo e ausência de conteúdo, presente nessa afirmação, denuncia uma concepção acerca do uso do corpo no teatro, na qual ele "não passa de um relé e de um suporte da criação teatral, que se situa em outro lugar: no texto ou na ficção representada"[34].

O Estúdio, ao enfatizar a predominância da linguagem corporal do ator como fundamento do novo teatro, por meio da técnica de atuação da *Commedia dell'Arte*, da pantomima, das técnicas derivadas do circo e mesmo das formas teatrais tradicionais do Oriente, filiava-se a uma tendência em que

o corpo é um *material* autorreferente: só remete a si mesmo, não é expressão de uma ideia ou de uma psicologia. Substitui-se o dualismo da ideia e da expressão pelo monismo da produção corporal [...]. Os *gestos* são – ou ao menos se dão como – criadores e originais. Os exercícios do ator consistem em produzir emoções decorrentes do domínio e do manejo do corpo[35].

No início do século, frente ao predomínio da palavra e à tradição textocentrista, a linguagem corporal revelou ser um instrumento fecundo na transformação do teatro. O que não

---

32 Idem, p. 97.
33 Idem, ibidem.
34 P. Pavis, *Dicionário de Teatro*, p. 75.
35 Idem, ibidem.

significou, no caso da prática cênica e pedagógica de Meierhold, a exclusão do verbo como código teatral. Os esforços destinados a encontrar novos meios de expressão do ator e da cena abrangiam também a expressão da palavra e a busca de renovação da técnica vocal.

Como apontamos anteriormente, desde as primeiras experiências do teatro simbolista o encenador perseguiu uma nova relação entre o conteúdo do texto e sua expressão formal. Contestava a abordagem do teatro naturalista que condicionava a forma do texto apenas à correspondência direta dos seus conteúdos. Meierhold, ao contrário, em diálogo com os movimentos da vanguarda literária russa, atribuiu à forma do texto um valor autônomo. O teatro de Convenção promovido por ele dividia-se em dois campos: o domínio da dicção e o da plástica. Torná-los independentes, descobrindo um desenho plástico que não correspondesse às palavras, mas que as simbolizasse, significava encontrar a autonomia do movimento e, ao mesmo tempo, reencontrar as qualidades expressivas da palavra para além do sentido emocional.

Nos anos que antecederam a formação do Estúdio, as relações entre a música e o teatro se tornaram mais estreitas e, desde 1904, "a música é, para ele, não um fundo, porém a grade de interpretação de uma dramaturgia, um ponto de apoio para a composição cênica, um meio de triunfar sobre o naturalismo"[36]. Os princípios musicais eram usados como parâmetros tanto para a composição do espetáculo teatral como para o intérprete, e a associação entre a música e o movimento se estendia também à palavra e à música.

Meierhold contou, ao longo de sua carreira, com a participação de inúmeros e importantes compositores na criação dos espetáculos. Mas a constante e estreita colaboração com M. F. Gnessin atesta um diálogo artístico que ultrapassa as experiências pedagógicas.

Mikhail Fabianovitchii Gnessin iniciou seus estudos musicais na adolescência, e nos primeiros anos do século xx ingressou no conservatório de São Petersburgo, tendo como orientador o compositor Rímiski-Kórsakov. Em 1908, ano em

36 B. Picon-Vallin, La Musique dans le jeu de l'acteur meyerholdien, *Études & Documents – Le jeu de l'acteur chez Meyerhold et Vakhtangov*, t. 3, p. 35-36.

A TRADIÇÃO DA TEATRALIDADE: FONTES

que concluiu seus estudos, participou como professor do primeiro Estúdio V. E. Meierhold, responsável pela classe de Coral e Declamação Musical no Drama. Neste período, transferiu-se para a província, onde exerceu intensa atividade profissional como professor, compositor e teórico musical. Em 1911, com o auxílio de uma bolsa de estudo, viajou pela Alemanha e França, a fim de conhecer a tradição musical da Europa Ocidental. Em 1914, durante o mês de janeiro, Gnessin foi à Palestina para visitar escolas de música judaica, tendo aí reunido uma série de gravações e anotações sobre a música folclórica, que tiveram grande importância nas suas composições dos anos seguintes.

Com uma produção teórica bastante expressiva, Gnessin sintetizou e aprofundou as ideias de seus antecessores acerca da natureza e da constituição das formas musicais, propondo, em seu livro, *Curso Básico de Composição Prática*, de 1914, um sistema de ensino de composição livre para alunos iniciantes. Sua concepção teórico-musical resultou "de um profundo estudo dos processos de formação na música, na poesia, na literatura clássica, e do estudo de diversas disciplinas humanas"[37]. Partindo do conceito de que a música é um tipo de pensamento, e não apenas uma maneira de expressar os sentimentos humanos, o compositor desenvolveu um método pedagógico original que aproximava a música das formas de raciocínio lógico.

Gnessin jamais publicou, como pretendia, suas teorias sobre a Leitura Musical no Drama. Dentre as suas obras musicais, algumas resultaram das pesquisas empreendidas no Estúdio e esclarecem os pressupostos musicais e poéticos do método. A Leitura Musical no Drama era a construção, baseada nas leis da arte musical, de um texto poético que, sem deixar de ser *fala* e sem transformar-se em *canto,* anulava, no ator, "o tipo de interpretação naturalista que lhe havia sido inculcado nas escolas tradicionais, e servia para modelar, profundamente, um ator ligado mais ao movimento e ao gesto do que ao conteúdo da palavra"[38].

37 S. S. Sriebkov, Vzgliadi M. F. Gnessina na musicál'nuiu fórmu (As Concepções de M. F. Gnessin sobre a Forma Musical), em R. V. Glezer; M. F. Gnessin, *M. F. Gnessin. Stat'i, Vospominania, Materiali (M. F. Gnessin. Artigos, Memórias, Materiais*), p. 105.

38 C. Solivetti, op. cit., p. 153.

130 NA CENA DO DR. DAPERTUTTO

Sua participação no Estúdio da Rua Borondiskaia, durante seu primeiro ano de existência, ocorreu no tempo livre, paralelamente ao seu trabalho na província. Tinha por objetivo verificar, na prática, a teoria desenvolvida por ele da Leitura Musical no Drama[39]. Nos primeiros meses, contou com a assistência de Serguei Bondi, responsável, na sua ausência, pela condução da disciplina. Os atritos entre Meierhold e os irmãos Bondi[40], no inverno de 1914/1915, contribuíram para o afastamento do compositor do Estúdio, após uma série de mal-entendidos entre Meierhold e Gnessin decorrentes da mediação de Serguei Bondi, como atesta a correspondência entre os dois[41].

Apesar dos conflitos, em que Gnessin insiste na reconciliação entre Meierhold e os irmãos Bondi, o método por ele criado inspirou a continuidade do trabalho com a palavra, como veremos adiante. A colaboração entre Gnessin e Meierhold não foi interrompida mesmo após o fim do Estúdio e suas composições integraram vários espetáculos do encenador, entre os quais podemos destacar a montagem de O Inspetor Geral, em 1926.

Aparentemente, a Leitura Musical era muito semelhante à melodeclamação, forma muito popular na época, e que consistia na leitura de obras poéticas ou em prosa com fundo musical, usualmente ao som de piano. Grandes atores do período, como Vera Komissarjévskaia, participavam de recitais de melodeclamação, conciliando a leitura com o desenho melódico, ou seja, a voz acompanhava as mudanças da melodia em uma tradução emocional que "resultava numa terrível cacofonia"[42].

O método de Gnessin, ao contrário, buscava uma *fala cênica*, inscrevendo o texto teatral no domínio da música e produzindo uma notação precisa, uma marcação rítmica e melódica,

---

39 M. F. Gnessin, *Avtobiografiia* (*Autobiografia*), 1941.

40 Os irmãos Bondi (Iuri, Serguei, Aleksei e Natalia) participaram do grupo de artistas, liderados por Meierhold, envolvidos nas experimentações cênicas do verão de 1912, em Terioki. Iuri Bondi foi assistente de cenografia e no Estúdio colaborou como cenógrafo. Serguei desempenhava a função de *ponto* nas encenações de Terioki e, nos primeiros anos do Estúdio, foi assistente de Gnessin. Os dois mais novos, Aleksei e Natália, integravam o grupo de jovens atores e se mantiveram como alunos no Estúdio da Rua Borondiskaia.

41 Em V. P. Korsunova; M. M. Sitkoveckaja (orgs.), *Pieriepiska 1896-1939* (*Correspondência 1896–1939*), p. 173.

42 S. Bondi, O Muzikalnom, Tchenii, M. F. Gnessina (Sobre a Leitura Musical de M. F. Gnessin) R. V. Glezer; M. F. Gnessin, op. cit., p. 81.

A TRADIÇÃO DA TEATRALIDADE: FONTES

quer dizer, uma partitura do texto, semelhante à organização musical e por meio da qual se determinava o sentido emocional e semântico a ser conservado na leitura.

O curso constituía-se de estudos práticos dos seguintes temas: as leis do ritmo e da melodia – uma introdução à teoria musical que permitia ao ator um contato vivo com o material musical a partir do ritmo; a interpretação musical dos ritmos poéticos – análise do ritmo dos versos com o fim de evidenciá-los e ensinar o aluno-ouvinte a reconhecer a base musical da fala; e, por último, o estudo da técnica da leitura musical – análise das diferenças entre o canto e a fala[43].

Para organizar uma Leitura Musical, e não apenas rítmica, Gnessin apresentou a primeira questão: qual a diferença entre a fala e o canto ou a recitação musical, mesmo aquela que se aproxima ao máximo da entonação da fala comum? A principal diferença está no fato de que no canto e na recitação a altura de determinada sílaba permanece inalterada, independentemente do tempo de duração da sílaba, enquanto na fala, todas as sílabas tônicas mudam invariavelmente de altura durante a pronúncia[44].

Os versos eram transcritos em notas musicais, de modo que, ao organizar musicalmente o ritmo da fala, evitava-se a submissão aos ímpetos do ator. Para Gnessin, a notação dos versos em notas fortalece, na consciência dos alunos, a ideia da ordem, condição inevitável da arte.

As fontes utilizadas para a criação eram textos da tragédia antiga grega, como *Antígona*, *Édipo Rei* e *As Fenícias*. Na verdade, as partituras para os textos de *Édipo Rei* e *Antígona* foram construídas por Gnessin ao longo dos anos, como preparação para as encenações sonhadas por Meierhold. No entanto, a impossibilidade de realizá-las no Teatro Imperial motivou ainda mais o encenador na criação do Estúdio, quando as composições puderam finalmente ser experimentadas.

No primeiro momento, o aprendizado era, sobretudo, coletivo. Realizava-se por meio de um coro falante que trabalhava sobre trechos das obras *Antígona* e *As Fenícias*. Gnessin introduzia

---

43 Crônica do Estúdio, *O Amor de Três Laranjas*, livro 1, 1914, p. 60. Ver infra, p. 387.
44 S. Bondi, op. cit., p. 90.

os alunos no tema com palestras e exercícios práticos, o que implicava prévio conhecimento teórico do ritmo musical, da estrutura do verso e da expressividade do ritmo na música e na fala.

Inicialmente o coro (mais ou menos dez estudantes) aprendia a melodia do canto com o piano. Depois começava o trabalho de transição do canto para a fala, o que não era fácil: o coro era ouvido em uníssono, mantendo o caráter da fala e realizando com precisão as indicações do compositor[45].

As falas das personagens principais e do coro eram submetidas à medida musical e algumas estrofes recebiam um tratamento melódico e/ou um acompanhamento instrumental. Para Vereg(u)ina, a dificuldade do estudo residia, principalmente, na necessidade de diferenciar a leitura musical do canto e, no caso do coro, a menor falsidade de um único integrante na proferição do texto tornava patente o erro diante do conjunto[46]. Os resultados do trabalho sobre a *Antígona* foram apresentados três vezes, para um círculo restrito de convidados, entre os quais os compositores Scriabine, Rímiski-Kórsakov e o cenógrafo Golóvin.

Apresentação pública do espetáculo Antígona. *Estúdio V. E. Meierhold, 1914.*

A aplicação do método Leitura Musical no Drama proposto por Gnessin não foi aprofundada na prática do Estúdio,

---

45 Idem, p. 100.
46 Pa doragan iskamii (Nos Caminhos da Pesquisa), em M. A. Valenteii et al (orgs.), op. cit., p. 58.

A TRADIÇÃO DA TEATRALIDADE: FONTES

porém alguns aspectos de sua teoria musical esclareceram o sentido de vários outros procedimentos cênicos pesquisados por Meierhold no período, pois a leitura musical enriqueceu as descobertas do encenador sobre os princípios da arte teatral. Podemos identificar, inclusive, a mesma estrutura de composição utilizada nas pantomimas do Estúdio e fixada nos estudos biomecânicos dos anos de 1920.

Gnessin considerava que as propriedades e regularidades da música estão sempre subordinadas à ideia do todo artístico. A obra era analisada a partir das formas (principais e subordinadas), da estrutura de cada parte (instáveis ou estáveis) e, por último, do conteúdo temático (similares ou contrastantes). A estrutura era dividida nas seguintes partes: introdução, junção--passagem ou ligação, posfácio e coda. Essa classificação, já conhecida na música, recebe em Gnessin uma outra interpretação, na medida em que os termos são considerados como partes orgânicas da obra como um todo, estando na mesma linha de desenvolvimento e não como acréscimos ou introduções. Para ele, a estrutura da obra musical é um processo, o processo de desenvolvimento do pensamento musical[47].

Do mesmo modo, "Meierhold busca integrar na peça a ser representada uma dramaturgia musical com introdução, exposição do tema principal, aparição de temas secundários, desenvolvimento, repetição do tema principal, culminação, final"[48]. São convergentes as perspectivas de Meierhold e Gnessin acerca da composição da obra, e o curso Leitura Musical no Drama reforçava, acima de tudo, a atuação artística, "obrigando os intérpretes a observar a construção rítmica e melódica da sua leitura, lembrando-os de que o verso é uma organização artística (e não apenas semântica), da fala, e a interpretação de um texto em versos deve ser construída, em relação ao ritmo e a melodia, segundo as leis da arte"[49].

Em 1915 o curso foi denominado Técnica do Discurso Poético e em Prosa, sob a orientação de K. A. Vogak, colaborador do Estúdio e da revista e parceiro de Meierhold e Soloviov na adaptação da obra de Gozzi, *O Amor de Três Laranjas*. Como

47   S. Sriebkov, op. cit.
48   B. Picon-Vallin, La Musique dans le jeu... op. cit., p. 40.
49   S. Bondi, op. cit., p. 101.

revela o título do curso, houve maior ênfase na análise da linguagem poética e literária. A noção de drama musical, presente no curso de Gnessin, foi substituída pelo estudo dos aspectos formais do discurso poético e da prosa.

A abordagem das linhas constitutivas do poema foi, em primeiro lugar, o estudo da técnica do discurso poético[50], em que eram analisadas as formas de versificação (métrica, silábica e tônica), as relações do ritmo com a métrica e da métrica com a tônica, as características da versificação no idioma russo e sua constituição rítmica, a rima, a influência da fala comum na poesia, e a pausa.

Tomando como modelo a tradição poética grega, seguia-se o estudo sobre a constituição da poesia, mas, no detalhamento da forma poética, a análise métrica se sobressaía[51]. Os versos alexandrinos, hexâmetros e pentâmetros foram analisados de acordo com sua divisão métrica, do pé do verso. O iambo[52] e o dátilo[53] determinavam a função de outros elementos, como a pausa, o ritmo, os acentos etc.

Podemos identificar aqui uma aproximação teórica e prática do Estúdio às ideias do movimento formalista e do futurismo russo, e às novas teorias da linguística. Como para os formalistas, no curso Técnica do Discurso Poético e em Prosa, não foram dimensionados os problemas do significado, ou seja, não lidaram com os estudos semânticos, enfocando-se a obra sobretudo do ponto de vista fonético, evidenciando a preocupação com a forma da pronúncia, ou seja, a forma oral.

A aproximação às teorias formalistas não caracterizou o abandono das referências dramatúrgicas e poéticas por parte do Estúdio. A obra poética de Aleksandr Blok, tomada por Vogak como símbolo da poesia russa moderna, foi analisada do mesmo modo, seguindo os novos pressupostos formais. Sabemos que, sem o simbolismo russo, não teria existido o futurismo russo, mas são inúmeras as distinções entre o melódico

---

50 Crônica do Estúdio, *O Amor de Três Laranjas...*, livro 4-5, 1914, p. 98. Ver infra, p. 402-403.

51 Crônica do Estúdio, *O Amor de Três Laranjas...*, livro 1-2-3, 1915, p. 150. Ver infra, p. 416.

52 Verso formado por uma sílaba breve e uma longa.

53 Verso formado de uma sílaba longa seguida por duas breves, nomeado também verso esdrúxulo, proparoxítono.

A TRADIÇÃO DA TEATRALIDADE: FONTES

verso simbolista e a poesia futurista. Porém, a obra de poetas como Mikhail Kuzmin, Ana Akhamátova, publicada na revista *O Amor de Três Laranjas*, demonstrava a presença e a amplitude do movimento futurista (que não agia de forma unificada), e suas intersecções com o simbolismo, no Estúdio.

Na segunda parte do curso, denominado Estudo sobre a Harmonia Poética, abordava-se e organizava-se a expressividade da palavra poética em virtude da sua própria estrutura sonora. A aliteração e a onomatopeia foram identificadas na tradição popular russa e na tragédia grega, e absorvidas como procedimentos poéticos aplicáveis. Os exercícios davam à poesia russa e à peça de Sófocles, *Electra*, o mesmo tratamento sonoro e pretendiam evidenciar a existência de um vínculo estreito entre as duas tradições.

Paralelamente, durante o inverno e a primavera de 1915, E. M. Golubev orientava as aulas destinadas à prática da respiração, da colocação técnica da voz e das correções da dicção. Formavam-se pequenos grupos nos quais os atores praticavam a técnica vocal por meio de leitura de jornal, poesias etc. Este curso integrava, como outros, as aulas especiais e periódicas, oriundas das necessidades práticas dos cursos principais.

A classe de atores, um grupo à parte, experimentava formas da poesia popular espanhola com o propósito de identificar procedimentos similares em outras formas poéticas e dramatúrgicas, até mesmo na tradição japonesa do haicai. Buscava-se a conexão entre a palavra cantada e a palavra falada por meio da recuperação das *modinhas russas*, e o drama de Calderón, *O Médico da Própria Honra*, permitiu também o estudo de elementos rítmicos da dança espanhola.

Apesar de não encontrarmos, a partir do outono de 1915, novos relatos sobre o trabalho vocal, neste período ocorreu a visita do poeta Vladimir Maiakóvski ao Estúdio e, entre os jovens estudantes, a tendência futurista tinha maioria esmagadora. O poeta futurista leu seus poemas para uma plateia formada por soldados feridos na guerra e jovens atores, e provocou um intenso debate entre os que defendiam os poetas simbolistas e os que defendiam os futuristas. Pondo fim à contenda, Meierhold afirmou: "Não façam comparações. Blok é um tenor e Maiakóvski um baixo, no entanto ambos são poetas

136 NA CENA DO DR. DAPERTUTTO

autênticos. E não é preciso maltratar o novo. Eu também sou chamado de amaneirado e decadente, por que então vocês desejam estudar comigo?"[54].

Ainda que não tivesse produzido um resultado apreciável em relação ao gosto do espectador da época, ou alcançado nos exercícios públicos um nível técnico de excelência, os cursos destinados à expressão da palavra denotam a sua articulação inseparável de outros aspectos da cena. Nas encenações de Meierhold tudo deveria convergir: a plástica do movimento, a construção cênica, a participação do coro, o ritmo da fala poética[55].

Na estrutura da composição musical proposta nas aulas de Leitura Musical no Drama foi possível reconhecer procedimentos de composição usados nas pantomimas, e a análise métrica dos versos permitiu a Meierhold descobrir alguns dos fundamentos para a formalização do movimento expressivo.

O INCIPIENTE DIÁLOGO ENTRE O ESTÚDIO E O TEATRO ORIENTAL

As experiências do Estúdio da Rua Borondiskaia traduziram uma importante tendência das vanguardas históricas: a ampliação das fontes de referências e a possibilidade de paralelismos entre culturas. Se cada época identifica-se com uma visão do tempo, as vanguardas russas do primeiro terço do século XX projetavam um tempo que seria perfeito: o futuro. Junto à idealização do novo tempo, rompia-se com a noção de continuidade, de fidelidade ao passado, acirrando o confronto com a perspectiva ilusionista que vigorava até o final do século XIX. No movimento vanguardista culmina também o longo processo de descoberta e valorização de *outras* civilizações iniciado no romantismo, em que foram adotados procedimentos não só alheios, como contrários à tradição central do Ocidente.

A Rússia não pode ser considerada, exclusivamente, como parte da "tradição central do Ocidente". Sua localização geo-

---

54 Crônica do Estúdio, *O Amor de Três Laranjas*..., livro 1-2-3, 1915, p. 205.

55 N. V. Pessotchinskii, Aktior v Teatre Meierholda, *Russkoie Aktiorskoe Iskusstvo xx Vieka* (O Ator no Teatro de Meierhold, *A Arte do Ator Russo no Século xx*), p. 88.

A TRADIÇÃO DA TEATRALIDADE: FONTES

gráfica e sua história política demonstram que "as relações culturais da Rússia com o Ocidente sempre foram prejudicadas pelo peso morto dos preconceitos enraizados, da hostilidade mútua provocada pelo desconhecimento e pela incompreensão, da falta de um esforço para penetrar mais a fundo na mentalidade do vizinho"[56]. Porém, as duas primeiras décadas do século XX assinalaram um rompimento, ao menos temporário, da incomunicabilidade entre a cultura russa e a Europa Ocidental. Houve uma intensa comunicação entre os artistas de vanguarda russos e ocidentais, e são inúmeros os paralelismos entre as experiências teatrais de vanguarda que se desenvolviam na Rússia e nos países da Europa, como França e Alemanha.

Na sincronia existente entre as experiências das vanguardas do período, interessa-nos menos determinar a autoria das ideias do que apontar a diversidade cultural e artística do amplo painel formado. Ao considerarmos as condições existentes no período, no que se refere ao acesso à informação e ao tempo necessário para a sua circulação, surpreende-nos a extensão dos esforços empreendidos por V. E. Meierhold e seus colaboradores na articulação e no reconhecimento de *outras* práticas artísticas. O Estúdio almejava identificar os princípios fundamentais de diferentes tradições teatrais, construindo uma arqueologia pessoal unificadora, segundo premissas estéticas e poéticas próprias.

O processo de generalização dos procedimentos alastrou-se também em direção ao Oriente. A ausência de realismo cênico, somada à eliminação do casual e do transitório, tornavam o teatro oriental uma das tradições exemplares da linguagem convencional, que era, como já vimos, o mote da concepção teatral de Meierhold. "A surpreendente característica do teatro oriental – a capacidade de influir com igual força tanto sobre a audição como sobre a visão do espectador – atraía a atenção dos inovadores teatrais que se voltaram para a história de um espetáculo sintético"[57].

Seria forçado traçar um paralelo direto entre os métodos do encenador e as filosofias orientais, mas é possível distinguir

56 B. Schnaiderman, *Projeções: Rússia/Brasil/Itália*, p. 17.
57 E. V. Chákhmatova, Tradítsii Vostochnogo Teatra v Estétike Meierholda / Teatrálnoie Iskusstvo Vostoka (As Tradições do Teatro Oriental na Estética de Meierhold), *Teatrálnoie Ikusstvo Vostoka*, n. 0, Jurn, p. 102.

NA CENA DO DR. DAPERTUTTO

algumas conexões entre o teatro de Meierhold e a tradição cênica do Oriente, que encontrou grande ressonância na cultura simbolista europeia no final do século XIX. A passagem da Companhia de Otodziro Kawakami[58] pela Rússia, em 1902, revelou, pela primeira vez, o estilo modernizado do Teatro Kabuki e o virtuosismo de Sada Yacco[59], esposa de Kawakami, umas das raras atrizes a participar do universo então predominantemente masculino desta forma teatral. A arte de Sada Yacco impressionou encenadores como Adolphe Appia, Gordon Craig e também Meierhold, que até 1924 ainda escrevia sobre ela.

A ideia de calma, de silêncio interior, que faz parte dos sistemas filosóficos orientais, foi, para Meierhold, nas suas primeiras montagens (em especial no período simbolista), um meio de hiperbolizar as pausas e uma passagem para o teatro de Convenção. O *tremor exterior* e a *tranquilidade épica*, perseguidas no simbolismo, o conduziram a formular um princípio cênico importante: a economia. "Dizer muito com poucos meios, eis a essência do trabalho. A mais sábia economia ligada à maior riqueza [...]. Os japoneses, desenhando um só ramo de flores, evocam a primavera toda"[60].

Desde o período simbolista, o espaço cênico remetia a uma construção mais abstrata, transformando-se em um mundo concreto a partir da ação do ator, o que o acercava do uso do palco feito pelos orientais, e também pelo teatro elisabetano. Além disso, o uso do proscênio, que permitia a aproximação do espectador à cena, era visto por Meierhold, desde 1910, como uma necessidade do teatro convencional.

Nos espetáculos de nô, com suas cerimônias refinadas – em que os movimentos, os diálogos e o canto são rigorosamente estilizados,

---

58 Desde 1900, a passagem da Cia. pela Europa causa furor. Apresentam um repertório de melodramas fantásticos que demonstra a teatralidade e a perícia dos atores. Kawakami não era um ator tradicional; após uma carreira política mal sucedida, dedicara-se ao teatro como professor de interpretação.

59 Sada Yacco não era uma atriz profissional. Seu aprendizado nas artes tradicionais e como bailarina se deu por exercer a profissão de gueixa, até se casar com Kawakami. Sua entrada nos espetáculos da Cia. se deu por mero acaso, substituindo um jovem ator que se encontrava enfermo e que não poderia desempenhar o papel de heroína. Desde a primeira aparição teve recepção triunfante.

60 Peter Altenberg citado por Meierhold, ver infra, p. 265.

A TRADIÇÃO DA TEATRALIDADE: FONTES 139

em que o coro representa um papel semelhante ao coro grego, em que a música contém uma sonoridade selvagem e transporta o espectador para um mundo de alucinações – os encenadores dispõem os atores sobre um tablado muito próximo do público, a fim de que suas danças, seus movimentos, seus gestos, seus esgares e poses se tornem bem visíveis[61].

A destruição do teatro convencional e sua transformação em um modelo mais próximo ao oriental foram experimentadas nas apresentações públicas das montagens feitas pelo Estúdio das peças de A. Blok, *A Barraca de Feira* e *A Desconhecida*, em 1914. Foram retiradas as cadeiras da plateia dando lugar a um grande tablado cênico: duas escadas laterais ligavam o palco principal às duas largas passagens que ocupavam todo o comprimento da sala, até o *hall* de entrada. A representação utilizava todo o espaço, abolindo completamente as fronteiras entre ator e plateia.

Nessas apresentações, afora os "servos de proscênio" (caracterizados com coloridas perucas do Kabuki), malabaristas chineses exibiam-se durante o intervalo. Os servos de proscênio, introduzidos por Meierhold na montagem de *Don Juan*, de Molière, em 1910, eram personagens criadas, basicamente, como no teatro oriental, a fim de cumprirem funções paralelas à ação dramática principal. Em *Don Juan*, os servos organizavam a ação cênica, anunciavam o intervalo e os acontecimentos posteriores, serviam diretamente à personagem principal, abrindo um tapete em direção à plateia, semelhante à "trilha florida" do teatro japonês[62]. Desde então, os *servos* ganharam vida longa no teatro meierholdiano, lembrando repetidamente ao espectador, por meio de uma ação direta, que ele se encontrava no teatro. Nas apresentações do Estúdio, entretanto, eles ganharam uma função mais provocadora, atirando laranjas na plateia, especialmente nos espectadores mais insatisfeitos.

A aproximação da plateia à cena, como no teatro oriental, foi experimentada também no *estudo* de *A Caça*. "Kuliabko-Koretskaia descobriu a maestria da técnica cênica nos modos da escola dos atores japoneses, demonstrados na Rússia pelo

---

61 Em *Meierhold – Stat'i, Pisma, Rietchi, Biessiedi, Tchast' Piervaia 1891-1917* (*Meierhold – Artigos, Cartas, Palestras, Conversas: Primeira Parte 1891-1917*), p. 93.

62 E.V. Chákhmatova, op. cit., p. 109.

excelente artista Hanako"[63], ou seja, a pantomima era realizada com a ação do ator se desenvolvendo diante do espectador, na cena viva. Apesar dos fragmentos da peça *A Mulher Gato, o Pássaro e a Cobra*, apresentada em vesperal do Estúdio, em fevereiro de 1915, terem sido retirados da tradição chinesa, "não aspira nem à estilização nem à etnografia. A pantomima aproxima-se daquele tipo de representação cênica que conhecemos no Conde Carlo Gozzi em *Turandot*. A China, na visão veneziana do final do século XVIII"[64].

O aspecto ornamental do teatro japonês e chinês foi também observado por Meierhold, pois este, a seu ver, revelava-se na ambientação, na arquitetura da cena e do próprio teatro, na mímica, nos movimentos do corpo, nos gestos e atitudes do ator, subordinando "o psicologismo a um objetivo ornamental". Considerando que no caráter ornamental residia a expressividade das tradições cênicas do Oriente, o encenador salientava o papel da dança nessas formas teatrais, como "parte integrante dos procedimentos do grotesco", visto que "somente a dança pode subordinar as concepções grotescas a um objetivo ornamental"[65].

Os sinais de influência do teatro oriental na prática do Estúdio se refletem no uniforme utilizado pelos comediantes no cotidiano do trabalho, e também nas constantes citações que o encenador faz de obras (tanka, haicai) e artistas japoneses como Onono Orsu, Satsuma Dziooun, Chikamatsu Monzeamon[66] e Bashô.

63 A companhia japonesa se apresentou em São Petersburgo em 1909 e 1915.
64 Crônica do Estúdio, *O Amor de Três Laranjas...*, livro 6-7, 1914, p. 114. Ver infra, p. 413.
65 Ver infra, p. 349.
66 Chikamatsu Monzeamon (1653-1724) cujo nome real era Sugimori Nobumori dramaturgo japonês que produziu obras tanto para o Kabuki quanto para o Bunraku. Em vez de recorrer a temas simples, se concentrou em narrativas históricas complexas e poéticas, combinando diversas obras do teatro nô clássico.

A TRADIÇÃO DA TEATRALIDADE: FONTES

A gestualidade do ator, situada nos limites entre a dança e o teatro, foi um dos sinais mais evidentes do reflexo do teatro oriental na educação do ator do Estúdio. Meierhold vislumbrava, para o ator do novo teatro, uma capacidade corporal similar à do ator japonês, que é, na visão meierholdiana, acrobata e dançarino. O ator japonês e o chinês foram adotados como modelo da autonomia da técnica do ator, por estarem preparados para construir a cena onde e como desejassem, apoiando-se apenas na sua própria habilidade.

Do rigoroso sistema da escola oriental no qual o ator, partindo do treino constante, aprende o ofício, identificamos procedimentos similares: o uso do cronômetro como um regulador do tempo cênico – em uma adaptação da medida do tempo por meio das batidas, presente em todo o teatro do Oriente; a manipulação dos objetos, lembrando a maestria dos atores chineses e japoneses que conseguiam extrair uma ampla gama de imagens provenientes de um único adereço; e, principalmente, a frase rítmica como modelo na composição do movimento. Como o ator oriental, o ator meierholdiano devia traçar o seu desenho no espaço graficamente, dividindo-o em pequenas unidades rítmicas.

Se nos primeiros anos nos deparamos somente com referências esparsas às formas teatrais tradicionais do Oriente, no programa de palestra do período de 1916/1917 estavam previstos temas específicos, tais como "Os Procedimentos Convencionais do Drama Indiano (Kalidasa)" e "Principais Espaços Cênicos e Princípios de Representação no Teatro Japonês e Chinês". Evidencia-se assim uma aproximação cada vez maior entre a prática meierholdiana e o teatro do Oriente.

5. O Doutor Dapertutto:

professor de pequenos movimentos e grandes polifonias

Eu não sou um professor, eu sou um explorador de novas margens no mar do teatro.

MEIERHOLD

PRIMEIRO MOVIMENTO: PRÓLOGO

Nos anos de 1920 Meierhold definia-se, antes de tudo, como um professor de movimento para o palco. No auge do seu reconhecimento como grande encenador, uma declaração como essa pode ser ignorada por se tratar de um simples acesso de humildade ou, ao contrário, ser tomada como um sinal que expressa o modo como Meierhold analisava sua prática.

No período do Estúdio, o movimento cênico tornou-se, para Meierhold, o elemento essencial do teatro, o meio de expressão do ator na criação do espetáculo teatral. A sua importância frente aos outros elementos teatrais foi justificada pelo encenador da seguinte forma:

Eliminando-se a palavra, o figurino do ator, o palco cênico, o edifício teatral e os bastidores, deixando-se somente o ator e a sua arte do movimento, o teatro continuará sendo teatro: o ator comunicará o seu pensamento ao espectador por meio do seu movimento, do seu gesto, da sua mímica[1].

---

1 Crônica do Estúdio, *O Amor de Três Laranjas...*, livro 4-5, 1914, p. 93. Ver infra, p. 399.

144 NA CENA DO DR. DAPERTUTTO

A valorização do corpo como veículo de expressão foi um "fenômeno político-social e artístico que atravessou todo o século xx e que provocou uma renovação teatral sem precedentes, na aprendizagem, nas técnicas, nos estilos de interpretação e permitiu uma troca frutífera entre o domínio do dramático e do coreográfico"[2].

O discurso sobre o corpo, sobre os procedimentos e métodos e, especialmente, sobre as linguagens derivadas do seu uso ampliou-se sobremaneira no decorrer do século passado, e se organizou a partir de diversas formas de abordagem. Estas abordagens podem se articular através da análise dos aspectos técnicos e/ou formais, ou das linguagens artísticas derivadas do movimento corporal (como a dança, a performance, a dança-teatro etc.), ou ainda, fundamentarem-se em outras áreas do conhecimento humano, tais como a ciência social, a psicologia ou a neurociência. Todas, entretanto, contribuem para a formulação, iniciada no teatro ocidental nos primeiros anos do século passado, do conceito de um *corpo cênico*.

A noção de *corpo cênico* foi um traço comum ao pensamento e à obra de alguns dos mais importantes encenadores do século passado. Seu "objetivo comum, declarado, é fazer com que o ator, por meio da inevitável representação, esteja realmente presente em cena"[3]. No amplo painel da encenação do século xx, o rigor técnico expressava as exigências e particularidades do projeto cênico de cada *metteur en scène*, e objetivava desenvolver a consciência e o controle do próprio corpo pelo ator. Por outro lado, o valor do movimento no teatro ultrapassava as eleições estéticas e refletia, diretamente, as tradições culturais nas quais estavam inseridas as práticas cênicas.

No teatro russo do início do século xx, preponderava uma representação baseada exclusivamente na palavra. A necessidade de encontrar novos meios para o ator obrigou Meierhold a buscar, fora da história cultural e teatral russa, os precedentes técnicos do movimento para o palco. A ausência de

2 O. Aslan, Avant-Propos, em O. Aslan (org.), *Le Corps en Jeu*, p. 9.
3 G. Azzaroni, *Il corpo scenico – ovvero la tradizione tecnica dell'attore*, p. 7.

paradigmas claros para a representação transformou outras formas artísticas, como a dança, em modelos a que recorria para reconhecer os princípios convencionais que idealizava.

O ator contemporâneo não dispõe, até agora, de nenhuma regra relativa à arte do comediante (pois não há arte que não esteja submetida a leis, como indica esta ideia de Voltaire: "A dança é uma arte porque está submetida a leis"), o que faz com que se instale nela o mais horrível caos[4].

Nas pesquisas empreendidas no Estúdio da Rua Borondiskaia, entre 1913 e 1916, o corpo do ator foi descoberto como um instrumento e um lugar de criação, um meio ativo, formalmente elaborado, que não se restringia a reproduzir ações cotidianas, apoiando-se no movimento para expressar não só os traços exteriores, mas também a essência interna. O trabalho sobre o movimento, como afirma Soloviov, tinha como meta descobrir a motivação cênica do comportamento do ator no palco, visto que a expressividade da técnica do ator poderia constituir o meio de relação com o público[5].

A oficina teatral concebida por Meierhold no curso Técnica de Movimento para o Palco, no Estúdio da Rua Borondiskaia, tornou-se o suporte para seus experimentos teatrais no período, permitindo a sistematização e o aprofundamento, na base do erro e acerto, de novos meios de expressão física para o ator. Ainda que seja difícil apontar um período em que Meierhold não fez do palco sua *oficina teatral*, neste momento identificamos uma modificação na formulação e na condução da organização da cena.

Se no Estúdio da Rua Povarskaia, ou na Cia. Vera Komissarjévskaia, o ator cumpria rigorosamente o desenho determinado pela encenação, e a expressão plástica de seu gesto, de seu movimento, estava repleta de um significado proposto pelo encenador, no Estúdio na Rua Borondinskaia, ao contrário, Meierhold pretendia prover o comediante de uma técnica que o transformasse num criador capaz de abarcar a obra em sua totalidade.

---

4 Ver infra, p. 333.
5 Em *Teses para Palestra*, Tik 11287.64 do Fundo Soloviov.

As disciplinas que integravam o Estúdio V. E. Meierhold não visavam apenas propiciar a formação técnica, mas objetivavam forjar, em cada ator, um inventor, como observou Soloviov[6]. O trabalho pedagógico do Estúdio aspirava ordenar o discurso do ator a partir do movimento, tendo em vista que a elaboração de um vocabulário gestual foi uma das fases principais da criação, e organizadora da ideia da cena. "Meierhold procurava a correspondência da arte do ator à complexa síntese dos meios imagéticos da arte do século xx, a sua primazia na estrutura teatral polifônica"[7].

O intérprete deveria compreender a estrutura do espetáculo, a complexa trama na qual estava inserido, na medida em que "sabendo por qual razão aquilo que o circunda foi concebido de um determinado modo, sabendo que é produto da arte teatral, ao entrar no palco transforma-se em uma obra de arte"[8]. Do mesmo modo que a cena meierholdiana, que não aceitava limites de gênero e pretendia não estar circunscrita às tendências da época, o ator meierholdiano almejado deveria reunir uma verdadeira polivalência técnica a uma criatividade não menos ampla. "Visto que o intérprete meierholdiano é, ao mesmo tempo, um acrobata e um cantor, um *jongleur* e um bailarino, um atleta e um orador, aspirava-se inventar novas formas que abolissem as fronteiras que delimitam as pretensões especializadas"[9].

SEGUNDO MOVIMENTO:
TÉCNICA DO MOVIMENTO PARA O PALCO

O curso Técnica do Movimento para o Palco desenvolveu-se de forma eminentemente prática e em estreita relação com todas as disciplinas ministradas no Estúdio. A orientação de Meierhold demonstrava uma preocupação objetiva com a aplicação dos

6 V. Soloviov, Aktiory Teatra meierholda (Atores do Teatro Meierhold), *Jizn Iskusstva*, n. 42, p. 6

7 N. V. Pessotchinskii, Aktior v Teatre Meierholda, *Russkoie Aktiorskoe Iskusstvo xx Vieka* (O Ator no Teatro de Meierhold, *A Arte do Ator Russo no Século xx*), p. 62.

8 Crônica do Estúdio, *O Amor de Três Laranjas...*, livro 4-5, 1914, p. 96. Ver infra, p. 401.

9 J.-J. Roubine, Théâtre et danse, em J. Lecoq (org.), *Le théâtre du geste, mimes et acteur*, p. 84.

O DOUTOR DAPERTUTTO

procedimentos estudados nas outras aulas para a criação dos estudos e pantomimas. A disciplina ministrada por ele, que era o eixo pedagógico do Estúdio, baseava-se nos elementos técnicos e nos estudos teóricos realizados para experimentá-los cenicamente, do ponto de vista da composição da cena. Como afirma A. Gripitch, a proposta do ensino meierholdiano não estava restrita às técnicas de atuação[10], e a atenção dedicada aos procedimentos de composição da encenação tornava suas aulas uma classe da arte do ator e do encenador.

Os temas do programa sucediam-se sem uma ordem cronológica e abrangiam indistintamente os mais variados aspectos da criação teatral, propondo caminhos claros para a sua aplicação. Como exemplo dos conteúdos abordados encontramos: o ambiente musical no melodrama, no circo, na farsa e no teatro oriental; o ritmo como base do movimento cênico; o controle do próprio corpo no espaço cênico por parte do ator; o uso do grotesco como morte ao psicologismo; e a *dimensão de alegria,* como necessidade básica do trabalho do ator[11]. Além da *Commedia dell'Arte,* outros temas da tradição teatral estavam presentes, e motivaram experimentos que visavam a aplicação dos procedimentos reconhecidos.

Cabia ao encenador a preparação técnica do comediante, e esta se pautava essencialmente pelo aprimoramento da linguagem corporal. Para Meierhold, a arte do movimento e do gesto exigia agilidade, precisão, leveza, ritmo, e por meio dela o ator "leva o espectador a um reino feérico onde voa o pássaro azul, onde os animais dialogam, onde Arlequim, o preguiçoso e o canalha, saído dos reinos das trevas, encarna-se em um tolo capaz de truques espantosos"[12].

Para tanto, a improvisação com objetos, tais como cestas, bastões, tapetinhos, bolas, espadas, mantos etc., induzia o ator ao desenho do movimento, à projeção no espaço e à descoberta de um vocabulário – próximo ao virtuosismo do ator oriental com os objetos, ou à agilidade e fluência do malabarista.

---

10 Utchitielli Stsienii (Mestre da Cena), em M. A. Valenteii et al (orgs.), *Vstrietchi s Meierholdom* (*Encontros com Meierhold*), p. 125.

11 C. Solivetti, La Commedia dell'Arte in Russia e Konstantin Miklasevskij, em K. Miklasevski, *La Commedia dell'Arte – o il teatro dei commedianti italiani nel secoli XVI, XVII e XVIII*, p. 156.

12 Ver infra, p. 335.

148 NA CENA DO DR. DAPERTUTTO

A manipulação de objetos reais era, com frequência, substituída por objetos imaginários, o que ampliava a exigência de expressividade e precisão do movimento. Os estudantes exercitavam-se também com diferentes formas de andar: passos, corridas, saltos, maneiras de sentar, levantar e retornar, evidenciando o esforço do encenador em extrair do corpo do ator, mesmo nas ações cotidianas, uma linguagem *teatralmente* expressiva.

Meierhold começava com técnicas de movimento, do gesto, com o domínio do objeto na cena. Os exercícios eram transformados em *estudos*, dos *estudos* surgiam as pantomimas. Então, do exercício "Atirando o Arco" surgiu o *estudo* "A Caça" e, a seguir, a pantomima, que era treinada por todas as "gerações" do Estúdio. Vários desses estudos tornaram-se clássicos e integraram, mais tarde, o ensino da biomecânica[13].

Os *estudos*[14] eram criados com base em uma ação dramática concreta, retirada de temas ou motivos simples (ou cotidianos), de pequenas histórias de aventuras ou, ainda, de alguma obra literária. A partir do vocabulário técnico, recolhido dos improvisos individuais, e da eleição dos temas, os atores deveriam saber e poder responder às perguntas: o que quero, como devo agir, e o que faço para isso? O que pretendo do parceiro, o que causo a ele, o que recebo dele, como reajo? Identificamos nas aulas de Movimento para o palco uma hierarquia no processo de assimilação dos alunos, e o domínio técnico dos exercícios, como primeira etapa do processo, era um modo de apreender o seu significado e capacitar o ator para o improviso.

Meierhold acompanhava com atenção e cuidado os exercícios, estimulando individualmente cada ator. De início o encenador colocava-se apenas como um observador dos experimentos, mas, no decorrer do trabalho, participava com os estudantes da criação e composição de *estudos* e pantomimas[15].

13 A. Gripitch, op. cit., p. 123.
14 A palavra *estudo* tem uma rica tradição no teatro russo e não podemos precisar quem primeiro estabeleceu o conceito. O termo é utilizado por Meierhold, neste período, em francês. Podemos defini-lo como *uma improvisação dentro de uma estrutura*.
15 A. Smirnova, V Studii na Boronkinskoii (No Estúdio da Borondiskaia), M. A. Valenteii et al (orgs.), op. cit. p. 88.

São de sua autoria os *estudos* "Cena com Carta" e "A Ratoeira" e, em parceria com S. Bondin, "Comédia Indiana sem Palavras".

Além da composição dos *estudos,* os atores eram frequentemente testados na sua capacidade de improvisação, visto que deveriam responder com agilidade e criatividade a qualquer tarefa dada. Um fato ilustra bem o caráter dos improvisos: Meierhold, quando da visita do futurista italiano Filipo Tommaso Marinetti ao Estúdio, pretendendo demonstrar a habilidade dos seus atores para o improviso, solicitou a Marinetti a sugestão de um tema a ser desenvolvido pelos alunos, *ex-improviso.* O futurista italiano sugeriu *Otelo*, de Shakespeare, e coube aos atores, por intermédio do movimento, apresentar a síntese da obra, depois de três minutos de preparação.

O improviso, na prática do Estúdio, estava associado a um processo de esquematização dos *estudos* criados nas aulas ou de um roteiro dramático preexistente, como a proposta por Marinetti. Para Meierhold, a redução de uma obra dramática a um esquema permitia analisar os fundamentos da tradição teatral e observar a estrutura da peça, as relações e funções das personagens, sem, contudo, definir a forma de representação.

A transição de um *estudo* para a pantomima exigia a articulação das ações corporais em um contexto mais complexo, ou seja, como recurso de elaboração de um roteiro. A pantomima "A Caça" demonstra o processo de fixação e transformação dos estudos: a prática de manipulação dos objetos imaginários originou o exercício "Atirando o Arco" e derivou uma série de movimentos que, fixados, converteu-se no *estudo* denominado "A Caça". O *estudo* pressupunha um tema, desenvolvido pela ação de um caçador, armado de arco e flecha, que espreitava um pássaro e tentava abatê-lo. Com o passar dos anos, o tema do estudo transformou-se numa pantomima, realizada coletivamente, na qual um grupo de caçadores improvisava por meio de ações previamente fixadas, ao som da *Valsa de Mefisto*, de Listz, a série de obstáculos de uma caçada.

Para examinar, simultaneamente, os vários temas da história do teatro, foram criados dois grupos com o propósito – definido por Meierhold – de estudar os procedimentos de outras tradições teatrais que, como a *Commedia dell'Arte*, tinham afinidades com os procedimentos utilizados no novo teatro. O primeiro grupo dedicou-se à análise dos *vaudevilles* dos anos 30/40 do século xix e do drama espanhol, e o segundo ao estudo do grotesco. Posteriormente, o Teatro da Antiguidade e o Teatro do século xviii foram eleitos como objetos de pesquisa. O resultado dos experimentos do Estúdio foi aberto ao público na 1ª Vesperal, realizada em fevereiro de 1915. A Vesperal caracterizou-se como uma apresentação das técnicas aprimoradas no primeiro ano do Estúdio, em que os organizadores pretendiam

demonstrar o caráter do teatro popular [...] e o modo peculiar da técnica do ator desse teatro, a destreza, o movimento expressivo, o virtuosismo, a relação com os acessórios – tais como cestas, sacos, bastões, laranjas, canos, lenços, flores, bolas – em um jogo que se aproximava da manipulação do malabarista, os detalhes dos figurinos – capas, chapéus, bengalas, guarda-chuvas, cintos, sapatos, máscaras etc[16].

Dividida em três partes, formava um amplo painel da prática cênica do Estúdio. A primeira parte consistia no intermédio de Miguel Cervantes, *A Gruta de Salamanca*, encenado como um exemplo da literatura do teatro de feira, e a partir do procedimento de geometrização das marcações. A segunda parte reunia as pantomimas e *estudos* compostos pelos alunos e orientadores, tais como: Os Jograis de Rua, montados à maneira da antiga forma popular do fim do século xviii; A História do Pajem que era Fiel ao Seu Amo e de Outros Acontecimentos Dignos de Apresentação, que restringia as marcações ao palco, sem fazer uso do proscênio, e objetivava treinar o movimento lento; um exemplo de encenação de um *scenario* da *Commedia*, *As Duas Esmeraldinas*; dois *estudos* derivados da tragédia de *Hamlet*: A Ratoeira e Ofélia (a cena da loucura), que pretendiam analisar o arcabouço do roteiro da obra shakespeariana; e, finalmente, uma pantomima no estilo das arlequinadas francesas da metade do século xix, *Arlequim, o Vendedor de Bastonadas*.

A terceira e última parte da Vesperal agrupava a *clownerie* circense *Três Laranjas, O Telescópio Astrológico ou a Que o Amor de Alguém pelos Diretores de Palco Pode Conduzir*, o *estudo*

16 Idem, p. 86.

Colin-Maillard[17]; representado à maneira do pintor Lancret, o mais curto dos estudos, *Duas Cestas, ou Quem Pegou o Melhor de Quem* e o já mencionado fragmento da peça chinesa *A Mulher Gato, o Pássaro e a Cobra*.

A crítica da época dividiu-se quanto ao juízo sobre o material apresentado. De um lado, Meierhold era acusado de propor uma escola de arte morta, com uma tendência antirrealista fanática[18]; de outro, louvava-se a iniciativa de empreender uma renovação em face de um teatro dominado por literatos[19]. A revista *O Amor de Três Laranjas* publicou trechos das críticas, seguidas de notas que contestavam e retificavam as observações, visto que estas diziam respeito principalmente ao predomínio de pantomimas e *estudos* sem diálogos e à esquematização, no modelo de *scenari* da *Commedia dell'Arte*, das obras apresentadas.

Os críticos sentiam falta, na apresentação dos estudantes, dos processos de revelação, de nexo psicológico no tratamento do tema e das personagens. Mas, para Meierhold, o conteúdo não estava relacionado à ação individual ou psicológica e, sim, ao conjunto da composição cênica. O que os críticos identificavam como o aspecto negativo da pedagogia meierholdiana era exatamente os meios de criação da linguagem convencional do Estúdio: a pantomima e a máscara.

A realização de pantomimas como processo educativo não foi uma questão de gosto, mas uma necessidade, visto que nas encenações de peças mudas se revelava, tanto para os atores quanto para o encenador, como reconhece Meierhold, "todo o impacto dos elementos primordiais do teatro: impacto da máscara, do gesto, do movimento e da intriga, [...] elementos que o ator contemporâneo ignora completamente"[20].

A partir de 1915 aprofundaram-se os mecanismos de criação das pantomimas e *estudos*, que perderam a função de ser apenas um meio de aprimoramento das capacidades técnicas, proporcionando uma abordagem expressiva, através da liberdade na

---

17　Em francês no original. Refere-se ao jogo infantil *cabra-cega*.

18　Crônica do Estúdio, *O Amor de Três Laranjas...*, livro 1-2-3, 1915, p. 132-149.

19　A. Tumanskii, Kommiediia diele Studio (Comédia do Estúdio), *Teatr i Iskusstvo*, n. 23, 1915.

20　Ver infra, p. 327-328.

eleição dos temas, na criação dos enredos e no desenvolvimento das composições. Na classe conjunta, ministrada por Meierhold e Soloviov, os alunos exercitavam-se com base em fragmentos dramáticos de textos (como *O Hóspede de Pedra* de Púschkin), ou aprimoravam antigos estudos como, por exemplo, a peça chinesa *A Mulher Gato, o Pássaro e a Cobra* e os derivados de *Hamlet.*

Nesta etapa, os dezesseis *estudos* e pantomimas criados pelos alunos e orientadores, além da observância dos aspectos técnicos do movimento, objetivavam, por meio do exercício prático, estabelecer a relação da pantomima com os elementos materiais do espetáculo: o funcionamento da estrutura do palco, cenário e iluminação do espaço cênico; o figurino do ator e os acessórios de mão[21].

Afora a pantomima, a máscara foi o outro elemento de suporte para a formação do novo ator. Entretanto, a função da máscara para Meierhold, nos anos que antecederam a Revolução de 1917, foi menos um recurso técnico do jogo do ator, e mais um símbolo do processo de metaforização da cena. Para Vadim Tcherbakov, é importante dar atenção especial ao papel da máscara na obra de Meierhold, pois ela tinha uma função "em tudo aquilo que, na sua arte, se refere à duplicidade do homem no mundo, à suspensão diabólica das marionetes – isto é, às pessoas comandadas pelo destino. Mas, além das inúmeras variações de funções da máscara na poética de Meierhold, mesmo no plano puramente metodológico e técnico, a sua interpretação continua plural, submetida a diversas interpretações pelo próprio diretor em diferentes momentos de sua carreira"[22].

Desde o início, porém, a máscara demonstrou ser um instrumento eficaz para a prática do improviso, pois, ao apresentar um tipo fixo, o conteúdo da ação cênica era transferido para a linguagem, deixando o intérprete livre para a improvisação, sem perder tempo com a motivação psicológica dos seus atos. Ou seja, propiciava ao ator uma moldura a partir da qual ele podia imaginar, desenvolver, improvisar, isto é, combinar[23]. A

21 Crônica do Estúdio, op. cit., livro 4-5, 1914, p. 90. Ver infra, p. 395-397.
22 V. Tcherbakov, Po obie stroni maskii (Os Dois Lados da Máscara), *Teatr*, n. 1, p. 67.
23 B. Picon-Vallin, Les années 10 a Petersbourg – Meyerhold, la Commedia dell'Arte et le bal masqué, em O. Aslan; D. Bablet (orgs.) *Le Masque, du rite au théâtre*, p. 155.

O DOUTOR DAPERTUTTO

máscara, como objeto concreto, foi utilizada nas montagens do Teatro Imperial no início da década de 1910, e sua referência no Estúdio limitou-se às tentativas de reprodução do modelo da *Commedia*, no curso de construção de acessórios e objetos cênicos oferecido pelo cenógrafo Iuri Bondi.

O aprofundamento dos estudos práticos e teóricos sobre a *Commedia dell'Arte* permitiu uma outra formulação do papel da máscara, que passou a ser vista por Meierhold como um *comportamento*, um sistema, determinado pela combinação dos movimentos do comediante em cena. O exercício do ator sobre os tipos da *Commedia* não pressupunha o uso de máscara, mas sim sua composição física, com o fim de criar uma máscara-tipo, vista pelo encenador como o principal fundamento da personagem.

A personagem-máscara não simplifica, não esquematiza a imagem realística, mas a generaliza e a eleva ao nível do verdadeiro valor artístico, da invenção, do jogo, da maestria. Meierhold defende uma composição complexa da personagem, na qual o modelo principal do tipo de representação é móvel, capaz de revelar "uma quantidade infinita de modificações, de nuances", "o jogo maravilhoso de luz e sombra"[24].

Nas encenações meierholdianas, a relação ator-personagem só encontrou sua justa expressão nos anos de 1920, quando o encenador alcançou sua maturidade artística. Mas, na práxis pedagógica do Estúdio, Meierhold colocou-se a tarefa de educar um grupo de atores capazes de realizar, por intermédio do jogo, a personagem, o que nos permite afirmar que os fundamentos da escola meierholdiana para o ator foram preparados e experimentados na Rua Borondiskaia. As exigências de um desempenho baseado no rigor técnico e no aprendizado formal traduziam a convicção da expressão exterior como espelho do interior, e o ator meierholdiano foi sempre estimulado no desenvolvimento da sua imaginação criadora, no aprimoramento da sua natureza artística. O seu jogo era decorrente tanto dos meios de atuação assimilados como também de seus

---

24 N. V. Pessotchinskii, op. cit., p. 105.

154 NA CENA DO DR. DAPERTUTTO

próprios sentimentos, que se transformavam ao serem organizados de forma artística.

No entanto, Meierhold tinha consciência dos limites da experiência do Estúdio da Rua Borondiskaia, e se o binômio *pantomima-máscara* evidenciou um campo de possibilidades de desenvolvimento técnico para a arte do comediante, prefigurando o ator meierholdiano dos anos de 1920, não forneceu uma solução definitiva para os problemas de formação do intérprete e de criação de um novo teatro. "Sua irritação era que não só no Estúdio, mas também no teatro, enfrentava constantemente a necessidade de treinar as verdades elementares, o bê-á-bá, aquilo que, apesar da sua prática e talento, não era dominado pelo ator"[25].

O cabotinismo idealizado por Meierhold, além de pretender restaurar a atuação corajosa, sintética, plena de alegria e consciente dos seus atributos poéticos (reconhecida por ele no ator da *Commedia*), apontou para o rompimento com os limites do teatro dramático. O ator era um dançarino, um músico, um escultor da cena, e a *personagem-máscara* que representava reunia, polifonicamente, temas e arquétipos eternos e as encarnações reais do seu tempo. Ao formular o princípio da *polifonia teatral*, no qual os elementos que compunham a cena perdiam a sua função ilustrativa e ganhavam autonomia, podendo inclusive divergir, o encenador sugeria para o ator o mesmo caminho. Isto é, que ele próprio se tornasse um instrumento polifônico.

TERCEIRO MOVIMENTO:
O ATOR DANÇARINO-MÚSICO-ARTISTA PLÁSTICO

O Ator Dançarino

A noção de um ator dançarino, para Meierhold, não é exatamente a de um ator que dança. Na medida em que o encenador amadurecia sua concepção de um teatro de Convenção, definia também uma perspectiva teatral que refutava, categoricamente, a divisão estática entre formas espetaculares como a dança, o teatro, o drama musical, a pantomima etc.

25 A. Smirnova, op. cit., p. 106.

O DOUTOR DAPERTUTTO

A dança, vista por ele como a principal fonte do teatro, não era uma expressão distinta, e sim integrante da linguagem cênica. A tragédia grega, com seus coros dançantes, e o teatro japonês, demonstravam, a seus olhos, a função das duas formas de expressão, pois nas suas estruturas dramáticas, "onde a palavra perde sua força expressiva começa a linguagem da dança"[26].

Nas suas encenações, o papel reservado por Meierhold à linguagem do corpo não foi secundário. Ao contrário, o caráter artificial do movimento, a essência rítmica e sua base ornamental o tornaram imprescindível como veículo dos sentidos mais elevados da obra. Ou seja, cabia à dança, à linguagem não verbal, tornar compreensível, como pretendia Wagner, a música e a poesia.

Onde o corpo humano, colocando sua flexibilidade a serviço da cena, a serviço de sua expressividade, atinge seu mais alto desenvolvimento?

Na *dança*.

Pois a dança é o movimento do corpo humano na esfera rítmica. A dança é para o corpo o que a música é para a alma: uma forma criada artificialmente e não mediada pela consciência[27].

Meierhold não desconhecia as transformações e as experiências no campo da dança. A revolução capitaneada por Diaghilev no balé russo procedeu da mesma fonte de ideias que alimentou o projeto meierholdiano de um novo teatro: a revista *Mundo da Arte*, a primeira publicação russa do movimento simbolista. Meierhold chegou inclusive a participar, como ator-bailarino, com o seu velho Pierrô, de uma coreografia concebida por Fokine, em 1913. Na primavera do mesmo ano, em Paris, o encenador do Teatro Imperial dirigiu um espetáculo protagonizado pela bailarina Ida Rubenstein que, como toda dança russa, causou furor entre o público parisiense. Entretanto, a direção de Meierhold não suscitou grande entusiasmo e, de sua passagem pela França, a melhor recordação foi a amizade firmada com o poeta Apollinaire.

Além disso, na dança de Isadora Duncan e no advento da teoria rítmica de Jacques Dalcroze, Meierhold via sinais de que

---

26 Ver infra, p. 246.
27 Idem, p. 245-246. Grifo do autor.

o ator contemporâneo começava a compreender o sentido do gesto e do movimento na cena.

O aprendizado do ator por meio do movimento seguia, no Estúdio, uma ordem precisa, como já afirmamos anteriormente. Em primeiro lugar, os alunos eram motivados a trabalhar, de forma improvisada, com a percepção do corpo humano no espaço, e com a exploração do *gesto como onda*, com o objetivo de readquirir uma viva expressão por meio do movimento corporal[28].

O primeiro aspecto, a percepção do corpo no espaço, foi amplamente explorado nas aulas de Soloviov e de Meierhold. Seu estudo baseava-se no *Trattato dell'arte del ballo* (*Tratado da Arte do Baile*), de Guglielmo Ebreo[29] e, especialmente, no preceito *partire del terreno*, definido no Estúdio como a habilidade do ator de se adaptar ao espaço e ao conjunto dos integrantes da cena[30].

O tratado de Guglielmo examinava várias hipóteses da origem da dança, partindo da cultura grega em particular, e estabelecia treze princípios obrigatórios para a perfeita execução da dança de corte – que se destinava quase exclusivamente à diversão. Vale notar que, apesar de Meierhold destacar apenas uma das regras estabelecidas no tratado, as demais não foram ignoradas, podendo ser reconhecidas e associadas a outros procedimentos da prática do Estúdio.

Guglielmo Ebreo definia a norma *partire del terreno*, como "a valoração do lugar e do aposento em que baila; a capacidade do bailarino de distanciar-se da dama e de recuperá-la, respeitando o tempo e comensurando o passo ao espaço disponível". As outras regras estabeleciam as qualidades do movimento, a percepção do tempo na dança e os meios para o bom improviso.

As principais qualidades do movimento eram: a *maneira*, que enunciava a perfeição formal; o *movimento corporal*, que

---

28 Crônica do Estúdio, *O Amor de Três Laranjas...*, livro 1, 1914, p. 61. Ver infra, p. 389.

29 Guglielmo Ebreo (ou Giovanni Ambrosio), chamado de Pesarese, coreógrafo e teórico da dança, viveu entre os anos de 1400 e 1481. Foi aluno do mestre Domenico da Piacenza, o primeiro a escrever um tratado de dança. A obra de Ebreo, uma das mais antigas sobre a dança de corte, e reconhecida como uma das melhores sobre o tema, totaliza oito títulos. Os princípios e formas coreográficas aí descritos eram populares até o início do século XVII, tendo sido publicados até 1893.

30 Crônica do Estúdio, *O Amor de Três Laranjas...*, livro 1, 1914, p. 61. Ver infra, p. 389.

se manifestava somente por meio do corpo perfeito do bailarino; e o movimento *aéreo,* que permitia o gesto gracioso e o estado majestoso e ligeiro. Além disso, do bailarino exigia-se a *precisão da medida,* na concordância da voz e do tempo e do tempo e do passo, e a *memória,* que era a qualidade de atenção ao som, permitindo uniformizar o passo no tempo da música. A consciência do tempo, também denominada *medida,* constituía uma regra básica, definida como a capacidade de manter o *pulso* do movimento.

O conceito de tempo definia-se na seguinte ordem: a regra *partire del botte* era a capacidade de distinguir o tempo e dançar de forma correta. A esta se seguiam três formas de divisão temporal: bailar *contra o tempo,* em que o bailarino experimentava sair do tempo e retornar a ele; *mettere nel tempo,* em que o bailarino, apesar do insistente ajuste que o músico faz, mantém-se *fora do tempo*; e, por último, *cavare del tempo,* em que o músico tenta induzir o bailarino a sair do tempo e ele se esforça para estar de acordo. O bailarino deveria, ainda, conhecer a *chiavi,* pois sua aplicação permitiria a criação de uma nova dança, baseada, acima de tudo, no impacto estético e não na valorização técnica, sendo que seu fundamento residia em dois princípios musicais: o *bemole* e o *bequadro*[31].

Tal como para Guglielmo, o ator-dançarino do Estúdio buscava a perfeição formal, o ajuste da relação entre corpo e voz, tendo em vista a noção da cena como uma composição coletiva, e a formação musical como base para o movimento. O *bequadro* (que em russo também pode ser chamado de *znak otkaza,* ou seja, *sinal de recusa*) era a *chiavi* proposta por Ebreo, e serviu, no início dos anos de 1920, como referência para a elaboração do movimento biomecânico[32]. Nas descobertas do Estúdio, o conceito de *recusa* (*otkaz*), mencionado no capítulo anterior, relacionava-se diretamente com a

---

31 *Bemole*: abaixar meio tom de uma nota. *Bequadro*: deixá-lo como está. A escrita musical da Renascença não notava os dois sinais. Eles eram princípios do improviso, cabendo ao executante decidir o seu uso, produzindo a partir dele o que era denominado *música ficta* (música falsa). No contexto do tratado de Guglielmo Ebreo, denunciam uma qualidade, na medida em que o *bemole* se associa ao movimento mole, e o *bequadro* ao movimento duro.

32 B. Picon-Vallin, La Musique dans le jeu de l'acteur meyerholdien, *Études & Documents – Le Jeu de l'acteur chez Meyerhold et Vakhtangov,* t. 3, p. 41.

estrutura do movimento cênico concebido sobre o modelo de uma frase musical, e o seu uso, como em Guglielmo, permitia explorar sua qualidade estética além de ser um recurso para a improvisação.

O estudo do movimento e a tentativa de analisar sua estrutura a partir da decomposição (separação de suas partes constituintes), alteraram substancialmente o conceito de ação do teatro meierholdiano. Ao estabelecer um *ciclo de realização* ou *ciclo de ação* para o movimento cênico, dividindo-o em três etapas precisas – começo, desenvolvimento e fim – Meierhold atribuiu à ação do ator um valor expressivo próprio, desvinculado de sua significação. É possível traçar um paralelo entre o *ciclo de realização* ou *ciclo de ação* meierholdiano e a estrutura rítmica *jo-ha-khu*, estabelecida por Zeami.

Não há evidências concretas de que Meierhold conhecesse, no período em questão, os escritos do criador do teatro nô. Porém, os sinais deixados nas crônicas do Estúdio e as inúmeras referências ao teatro oriental indicam uma aproximação visível entre as descobertas empreendidas pelo encenador russo e a tradição oriental, como abordado anteriormente. As formulações meierholdianas sobre o movimento, que incluíam *o ciclo de realização* e o *sinal de recusa*[33], podem ser compreendidas à luz da organização proposta no teatro nô. Essa organização identifica a estrutura rítmica como princípio básico do movimento, e assim o subdivide:

Jo-ha-khu (a palavra *jo* significa literalmente início ou abertura, *ha* significa intervalo ou desenvolvimento e *khu* guarda o sentido de rápido ou clímax). Nessa estrutura, começa-se lentamente, daí, gradual e suavemente acelera-se em direção ao pico. Depois do pico, ocorre geralmente uma pausa para depois se reiniciar o ciclo de aceleração: um outro *jo-ha-khu*[34].

Do mesmo modo, para Meierhold, o *ciclo de realização* se constituía como frase rítmica, e delimitava o campo no qual se desenvolveria a ação do comediante, que jamais deveria

---

33 Meierhold define três etapas no *ciclo de realização* da ação: começo, desenvolvimento e fim. O *sinal de recusa* é o modo como se realiza a primeira etapa do ciclo.

34 Y. Oida e L. Marshall, *O Ator Invisível*, p. 61.

O DOUTOR DAPERTUTTO

exceder os limites dessa estrutura, assegurando que o seu temperamento se manifestasse apenas no jogo calculado. O ritmo era tomado como base da dicção e do movimento dos atores, e fomentava o renascimento da dança no teatro. Meierhold sonhava com um teatro em que "a palavra [...] poderá facilmente transformar-se em um grito harmonioso ou em um silêncio melodioso"[35] no qual "a música reina no seu plano enquanto os movimentos do ator correm num plano paralelo"[36].

Assim como o *jo-ha-khu, o ciclo de ação* meierholdiano repetia-se em cada parte da composição e, mesmo invisível para o espectador, era a base da ação do ator. De modo que a estrutura rítmica e a mecânica de decomposição do movimento, propostas por Meierhold, não se referiam apenas a cada gesto, mas também à organização global do *estudo.*

Pode-se revelar a ideia de uma obra não apenas através dos diálogos das personagens, que nascem da arte dos atores, mas também pelo ritmo de todo o quadro, colocado em cena pelo cenógrafo, pelo jogo de cores, e pelo que determinará o encenador na disposição dos praticáveis, no desenho dos movimentos e nas relações entre os grupos[37].

Ao conceber a representação como uma criação original – da qual emerge, por meio do gesto e do movimento, a vida das personagens – Meierhold encontrou valores independentes para o movimento, propondo que o próprio jogo do ator fosse parte constituinte dos conteúdos expressos na cena.

Entretanto, a noção de *corpo cênico* decorreu, na obra meierholdiana, do desejo de descobrir a natureza própria do teatro, de libertá-lo do domínio exclusivo da palavra, e de transformar a relação da cena com o espectador. Nas sucessivas montagens de pantomimas, realizadas a partir de 1910, o movimento era ainda uma espécie de comentário plástico da palavra, e revelava-se como um procedimento concreto de criação da convenção para o novo teatro. A pantomima foi eleita como antítese do *palavrório* e de um teatro que reconta servilmente a peça, e foi também o caminho mais curto para a ressurreição

35 Ver infra p. 236.
36 Idem, p. 401.
37 Idem, p. 279.

160 NA CENA DO DR. DAPERTUTTO

dos princípios essencialmente teatrais. Mas o principal trunfo da pantomima para Meierhold era a ligação puramente plástica com a ideia do grotesco cênico, pois a sua base, segundo a terminologia do encenador, era *o mimetismo em todas as suas formas.*

Meierhold descobriu, ao explorar a pantomima, a possibilidade de expressar as ideias do texto apenas pelo movimento. No entanto, o uso desse procedimento na construção do espetáculo exigia um ator adestrado, capaz não só de reproduzir o movimento convencionado pela encenação, mas, sobretudo, de criar. Antes de ensinar o ator a criar imagens com significados simbólicos, era necessário ensiná-lo a elevar ao mínimo as manifestações do comportamento cotidiano. "Os caminhos da superação da materialidade do corpo do ator não eram o objetivo principal, mas a continuação lógica das buscas da verdade cênica nas condições do naturalismo que se esgotava"[38].

O processo de elaboração dos *estudos* e pantomimas amadureceu nos anos posteriores à criação do Estúdio, e a continuidade das pesquisas baseadas no movimento, como procedimento cênico, foram aplicadas no ano letivo de 1915/1916. Agregou-se a essa pesquisa a tentativa de superação dos exercícios realizados na Técnica dos Movimentos Cênicos, em direção a um trabalho baseado em trechos de textos dramáticos, com o uso da palavra. A retomada do *estudo* sobre a cena da loucura de Ofélia, como parte do cultivado e não realizado projeto de montagem da *Tragédia sobre Hamlet, o Príncipe Dinamarquês,* e o segundo quadro de *O Hóspede de Pedra* de Púschkin, integraram um momento da pesquisa em que o processo foi dividido em duas etapas: primeiramente, a criação dos *estudos* se desenvolvia apenas através do movimento, e as pantomimas eram construídas de modo a estarem preparadas para a inclusão da palavra; em um segundo momento, com a realização da ação verbal e corporal, o esforço se voltava para pôr de acordo a expressão da palavra e do movimento.

Meierhold compreendeu que só poderia ter o sucesso na associação do movimento com a palavra nos *estudos* e pantomimas quando superasse definitivamente a plasticidade da dança como expressão abstrata (como proposta por Isadora

38 I. M. Krasovskii, *Iz ópyta teatral noi pedagóguiki V. E. Meierholda 1905-1917* (*Da Ótica da Pedagogia Teatral de V. E. Meierhold 1905-1917*), p. 40.

O DOUTOR DAPERTUTTO

Duncan[39]). Ou seja, o ator dançarino meierholdiano permanecia, naquele momento, no limite do movimento elaborado artisticamente e formalmente, mas sem alcançar uma manifestação metafórica do real. Pois, embora afirmasse que "'a ação visível e compreensível' – expressa pelo ator – é uma ação coreográfica"[40], considera Meierhold que ela deve estar, como linguagem, circunscrita ao realismo teatral:

pisando perto desse limite, mas nunca sobre ele, não chega ao compromisso da balança entre uma e outra. A comediante compõe todo o seu desempenho unicamente na esfera da verdade teatral e aí, onde ela quer captar por completo os corações do seu público, usa tais efeitos, que mostram, apenas por um momento uma face naturalista, e logo ela conduz o público ao campo das imagens de natureza cênica[41].

O Ator Músico

As relações entre V. E. Meierhold e a música são profundas e compreendem um vasto campo. Com uma formação musical que o capacitava a substituir, se necessário, o regente de uma orquestra em uma apresentação pública, Vsévolod Emilievitchii sempre considerou sua formação musical como a base de seu trabalho de encenador. O estudo do piano e do violino na infância e na adolescência, decorrentes da predominante influência materna na sua educação, permitiu que acumulasse uma vasta cultura musical.

Na sua trajetória, Meierhold recorreu à colaboração de compositores como Iliá Satz, Gnessin, Prokófiev, Chostakóvitchi, entre outros, colaboração esta que sempre "foi benéfica para ambas as partes, seja para as pesquisas de Meierhold relativas à música no teatro, seja para os próprios compositores a quem Meierhold dava impulsos criadores"[42].

---

39 Crônica do Estúdio, *O Amor de Três Laranjas...*, livro.4-5-6-7, 1915, p. 209. Ver infra, p. 427.

40 Ver infra, p. 246.

41 Crônica do Estúdio, *O Amor de Três Laranjas...*, livro 4-5-6-7, 1915, p. 211. Ver infra, p. 429

42 B. Picon-Vallin, *La Musique dans le jeu...*, op. cit., p. 35.

162 NA CENA DO DR. DAPERTUTTO

No teatro russo, nas primeiras décadas do século vinte, a relação entre o teatro e a música transformou-se, visto que o novo teatro exigia uma música originada pela cena, e intrinsecamente ligada à encenação. "A música agora não é simplesmente uma citação do grande mundo da vida real. Ela sonoriza um todo – inspirado pela vontade do diretor. O pequeno mundo do drama é um mundo completo, no qual o homem é concebido em toda a complexidade de suas relações reais[43].

Nas encenações que realizava, Meierhold utilizava a música não como fundo, mas como base para a composição cênica, como meio de triunfar sobre o naturalismo, pois, para ele, a vida da música não era a mesma que a da realidade cotidiana. Desde as experiências do Estúdio da Rua Povarskaia, em colaboração com I. Satz, a música tornou-se uma personagem da ação, uma participante capaz de influir no desenvolvimento do drama. O culto à música, presente no movimento simbolista, ganhou corpo nas encenações meierholdianas, e se afirmou como uma voz – por vezes entrelaçada à ação cênica, por vezes autônoma. E, como em Appia, faz nascer a concepção dramática[44].

Meierhold experimentava subjugar a arte dramática às leis da composição musical. Aqui não é apenas a ênfase na maestria, a inveja da solidez profissional da arte vizinha, o ciúme da música como padrão de pureza das formas artísticas, e tampouco a memória de certas épocas e culturas teatrais, nas quais a parafernália musical foi colocada no centro da roda. Tudo isso foi utilizado quando balançaram as bases no cosmos cultural. Pois a própria constituição da direção foi provocada pela demanda de descobrir a equivalência para as novas correlações entre o homem e o mundo, o indivíduo e a multidão, a pessoa e a história[45].

A noção da encenação como análoga à composição musical surgiu no início de sua carreira na Cia. do Drama Novo. Este fato pode ser comprovado pela carta escrita por Meierhold a Tchékhov, em 1904, em que considera, como *chave* para a

43 N. Tarchis, Rejisseina i Mus'ka, *Mus'ka i Spiektakli* (Direção e Música, *Música e Espetáculo*, p. 23.
44 Ver infra, p. 243-244.
45 N. Tarchis, *O "Musical nom Realizme" Meierholda* (Sobre o "Realismo Musical" em Meierhold), em B. Picon-Vallin (org.), *Meyerhold – La mise-en-scène dans le siècle*, p. 351.

O DOUTOR DAPERTUTTO

justa interpretação da peça O *Jardim das Cerejeiras*, o caráter abstrato que reconhece em uma sinfonia de Tchaikovskii.
A forma sinfônica, que se caracteriza pela multiplicidade dos
executantes para cada instrumento e pela diversidade de tim-
bres, e que os gregos consideravam uma forma musical com
consonância perfeita, delineou-se, para Meierhold, como a
fonte de inspiração para a estrutura da obra cênica.

A leitura das partituras das encenações de Meierhold apresenta, no plano dos estudos teatrais, uma extraordinária perspectiva.
Elas nos obrigam a falar da cena a partir de um certo *sinfonismo
cênico*, em que encenação quer dizer ritmo, plástica, palavra, entonação, tudo serve como expressão e construção da ação dramática
do espetáculo[46].

O modelo musical influenciou progressivamente os modos de criação de Meierhold, inclusive a formação do ator,
habilitando-o a coordenar a sua presença com os outros tópicos
da encenação. O período que antecedeu o Estúdio da Rua Borondiskaia, como demonstram as reflexões sobre o drama musical desde a encenação de *Tristão e Isolda*, levaram-no a submeter
o ator "ao desenho tônico da partitura, para realizar um desenho
plástico simples, claro, concentrado, baseado num princípio de
economia, capaz de definir um traço esboçado pela orquestra, e
até de completar a partitura e, portanto, de introduzir uma espécie de diálogo com ela"[47]. Para Meierhold, no drama musical os
jogos da cena eram ditados pela partitura, e permitiam a simultaneidade da ação teatral, que estava desobrigada da ilustração.
O movimento do ator tornou-se *música plástica*, desenho exterior que representava a dinâmica interna do enredo.

É visível que a formação musical do comediante foi concebida como parte fundamental do seu projeto pedagógico, desde o primeiro Estúdio, em 1908/1909. Porém, o laboratório do
Estúdio da Rua Borondiskaia permitiu-lhe aprofundar os estudos musicais e ampliar o campo de referência para além da
ópera, do drama musical. No curso Técnica do Movimento para

46 A. Chepourov, Mise-en-scène et musique, em B. Picon-Vallin (org.) *Meyerhold –
La mise-en-scène...*, p. 357.
47 B. Picon -Vallin, La Musique dans le jeu... op. cit., p. 36.

o Palco, a análise focalizava formas de utilização da música como fundo musical e sua relação com o movimento, como demonstra o programa abaixo:

> Diferença entre os fundos musicais: na senhora Füller, na senhora Duncan e seus herdeiros (a psicologização das obras musicais), no melodrama, no circo e no teatro de variedades, nos teatros chinês e japonês. O ritmo como suporte dos movimentos. O desenho do movimento é sempre a música, ou a que realmente existe no teatro, ou a que é suposta, como se o ator cantarolasse enquanto age[48].

Da relação entre o fundo musical e o movimento emergia a possibilidade de criar planos em que a música e a ação do ator, cada uma em um plano independente, formariam uma espécie de polifonia. O elemento de integração desses dois níveis era o ritmo, ou seja, a rede rítmica tecida pela coexistência dos diferentes planos. Beatriz Picon-Vallin identifica neste período o primeiro esboço da teoria do contraponto que, nos anos de 1930, seria formulada por Meierhold como a possibilidade de que "um ator autenticamente musical conserve exteriormente a liberdade de seu comportamento teatral, mas, de fato, esteja ligado à música durante todo o tempo em um complexo contraponto rítmico"[49].

A aplicação dos princípios musicais servia tanto para a criação dos movimentos quanto para o tratamento da palavra pelo ator. Paralelamente ao trabalho de decomposição do movimento, realizado por Meierhold, as aulas de Gnessin e Bondi tratavam de decompor a fala cênica, por meio do estudo do verso ou da criação de uma partitura rigorosa, em que o ator encontrava a mesma restrição e a mesma liberdade dos cantores de ópera, como vimos no capítulo anterior. Para Meierhold, o ritmo era o elemento que permitia ao ator a liberdade dentro da partitura, pois era compreendido como algo que se opunha à rigidez do metro. Ao tecer uma estrutura rítmica, o ator podia realizar as variações e nuances que particularizariam o seu jogo cênico.

---

48 Crônica do Estúdio, *O Amor de Três Laranjas...*, livro 1, 1914, p. 61. Ver infra, p. p.389.
49 B. Picon-Vallin, La Muse que dans le jeu... op. cit., p. 37.

O DOUTOR DAPERTUTTO

Meierhold constroi assim uma analogia entre o ator improvisador e o rigoroso instrumentista. O ator-músico projetado no Estúdio descobre que, além de ser ele o seu próprio instrumento, sua expressão deve ser formalizada do mesmo modo que a partitura da encenação: em uma dramaturgia musical. O ator-músico almejado não era somente o bom executante, mas o compositor com pleno domínio da sua criação – o que daria ao ator a noção plena das intersecções de sua arte com a obra. A formação musical pretendia dar o domínio do tempo teatral e, alternando momentos estáticos e dinâmicos, capacitar o ator a estabelecer o seu jogo no tempo e no espaço da cena.

O Ator-Artista Plástico

A organização temporal do jogo cênico pressupunha ainda a elaboração do movimento no espaço. Assim como a encenação de Meierhold transformou o modelo escultural da cena em concepção baseada na arquitetura, o ator por ele proposto também ganhou uma dimensão tridimensional. E, como nos outros procedimentos cênicos abordados, estabeleceu-se um esquema primário de decomposição do espaço baseado nas figuras geométricas básicas – círculos, quadrados, retângulos – e o jogo com os objetos, a dança e a acrobacia serviram, como vimos, de instrumento para a dilatação da ação do ator no espaço cênico.

No Estúdio, o ator-artista plástico, ou ator-cenógrafo, proposto por Meierhold, tinha a preocupação fundamental de *viver segundo a forma do desenho*[50]. A análise dos princípios utilizados na pintura – linhas, formas e cores – era um meio de esclarecer o sentido do desenho cênico, e o estudo prático dos elementos materiais do espetáculo – cenário, figurino, acessórios e iluminação – instrumentalizava o intérprete para a compreensão da cena como um espaço que permitia o jogo simultâneo entre todos os elementos do espetáculo. "Já que o meu jogo chegará ao espectador simultaneamente com o fundo pictórico e musical, então, para que o conjunto de todos os elementos

---

50 Crônica do Estúdio, *O Amor de Três Laranjas...*, livro 1, 1914, p. 62. Ver infra, p. 390.

do espetáculo tenha *um sentido determinado*, o jogo deve ser um dos componentes da soma dos elementos atuantes"[51].

Porém, o eixo do trabalho do ator-artista plástico não estava restrito ao caráter pictórico da cena ou aos meios de caracterização da personagem, mas fundava-se na articulação destes elementos com a arquitetura do palco. No Estúdio, o palco (descrito no artigo "A Barraca de Feira" como *esse lugar sagrado onde acontecem milagres*), foi tomado como símbolo de um espaço a ser ocupado pelos atores. Estes deveriam conhecer profundamente o seu funcionamento, explorando planos, linhas e áreas de atuação, e reaprendendo os antigos segredos da caixa cênica.

Ao projetar uma analogia entre as leis do teatro e as leis das artes plásticas, o corpo do ator ganhou volume, forma e cor, e aprendeu a diferenciar e a construir, partindo do movimento, o espaço cênico. Mas, apesar da perspectiva arquitetural, Meierhold respeitava a tradicional organização da cena italiana. O uso do palco e do proscênio permitiu a aproximação entre a cena e a plateia, baseada nos procedimentos do teatro popular e da tradição oriental, mas não eliminou a frontalidade da caixa do teatro. Ao contrário, foram as investigações realizadas neste espaço que os conduziram, o encenador e seus comediantes, aos experimentos concebidos, por exemplo, para a cena construtivista dos anos de 1920. O palco vazio revelou a teatralidade inerente ao próprio edifício teatral.

O novo ator compreendeu tudo. Adivinhou essas leis quando examinou o teatro vazio, quando, perturbado, percorreu a cena deserta, quando suas mãos conheceram os copos de papelão, quando contemplou longamente a orquestra vazia e as estantes negras dos músicos[52].

Meierhold indagava permanentemente ao *ator-dançarino-músico-artista plástico* qual o seu papel como criador e acreditou que ele, ao conhecer as leis fundamentais do teatro, saberia não apenas "desfazer o novelo, mas desfazê-lo de outra maneira, num requintado sistema"[53].

---

51   Crônica do Estúdio, *O Amor de Três Laranjas...*, livro 4-5, 1914, p. 97. Ver infra, p. 401. Grifo do autor.

52   A Barraca de Feira, *O Amor de Três Laranjas...*, p. 101.

53   *O Amor de Três Laranjas...*, livro 4-5, 1914, p. 95. Ver infra, p. 400.

QUARTO MOVIMENTO:
O ATOR POLIFÔNICO NA CENA POLIFÔNICA

Georgy Banu considera que, na Rússia do início do século xx, "Meierhold colocou-se no centro de uma tensão extrema – ele amava este desafio – que consiste em querer elaborar um discurso cênico plenamente engajado na atualidade, apoiando-se nas expressões teatrais tomadas de empréstimo de sociedades, orientais em primeiros lugar, desprovidas de qualquer espírito transformador"[54].

Sabemos que, desde o seu afastamento do TAM, o encenador foi incessantemente impulsionado a desafios artísticos, políticos e filosóficos. Jamais se fixou em um posto confortável, imune às incertezas, e a transformação da sua obra sempre esteve ligada a uma lógica descontínua, pois não hesitava em assumir posições aparentemente desconexas. Seu projeto teatral apostou na conjugação de elementos contrários, o que não significou, para nós, o enfraquecimento da sua perspectiva artística. "Meierhold exaspera ao máximo as contradições, conservando o gosto pela fricção, a prática de uma arte de ruptura. Ele é um artista refratário ao apaziguamento de um itinerário que perseguia a duração ou a síntese conciliatória"[55].

O projeto teatral meierholdiano não ficou preso a um instinto de conservação artística, mas, ao contrário, pode ser identificado pelo seu constante exercício de mudança de ângulo, de perspectiva, o que muitas vezes foi considerado como um sinal de fraqueza dos seus propósitos. Mesmo em momentos de aparente imobilidade como, por exemplo, a inexistência de montagens expressivas entre os anos de 1913 e 1917, o encenador de *A Barraca de Feira* jamais se afastou da esfera da criação artística. As frequentes acusações de incoerência política, ou ainda o senso de oportunidade que o caracterizava, quando confrontados com sua concepção teatral, perdem a eficiência de julgamento. Meierhold concebia o teatro como um mundo autônomo, constituído por uma linguagem artisticamente elaborada e que permitia tornar visível a condição humana em todas as suas facetas

---

54 G. Banu, Meyerhold, Shakespeare de la mise-en-scène, em B-Picon-Vallin (org.), *Meyerhold – La mise-en-scène...*, p. 413-414.
55 Idem, p. 416.

É incontestável que a maturidade artística de Meierhold desabrocha a partir dos anos de 1920, e que suas encenações desde então inauguram, de fato, um novo discurso da *mise-en--scène*, o qual, ainda hoje, consideramos exemplar. A trajetória de formação e elaboração deste discurso não pode, a nosso ver, ser analisada sob uma única perspectiva. Como suas encenações, exige de nós uma capacidade de *deslocamento* constante num tempo e espaço concebido, antes de tudo, como múltiplo e ficcional. Do seu discurso cênico emergem muitas vozes, que representam, a cada momento do percurso, diferentes pontos de vista, como se existissem vários *Meierholds* ou *um Meierhold* para cada experiência. O que encontramos de similar em cada uma dessas vozes é que a sua operação se realizava por intermédio da voz cênica, a voz poética, aquela que, pela imaginação, orquestra as outras vozes e é capaz de relacionar realidades contrárias e dessemelhantes.

O Estúdio da Rua Borondiskaia pode ser considerado apenas como um momento de pausa, um período de reavaliação dos primeiros dez anos de sua prática como encenador. Mas foi, seguramente, um período de reflexão, de gestação dos fundamentos do teatro que realizaria no futuro. Ainda que não tenha estabelecido um método, que o conduziria talvez à imobilidade, encontrou, através da experiência, premissas que o guiariam na elaboração de uma concepção cênica concretizada nos anos vinte e trinta. Não há uma interrupção entre as duas épocas, pois, ao contrário, "nós não estamos no reino do *ou....ou* mas de um *e* que faz com que no próprio seio de um texto, de um espetáculo, a impureza se instale: sua característica é a junção de planos"[56].

Na *práxis* pedagógica meierholdiana dos anos que antecederam a Revolução de 1917 assistimos à transformação e à ampliação do discurso cênico que articulava. Meierhold, como um artista moderno, propunha a justaposição, a coexistência de contrários, a junção de planos. A cena que vislumbrava, oriunda do simbolismo e do tradicionalismo teatral, era plena de diversidade, de polifonia. Ainda que possamos identificar em outros períodos da história e em outras for-

56 Idem, p. 418.

O DOUTOR DAPERTUTTO

mas artísticas propostas similares, no teatro não encontramos correspondentes à amplitude do seu projeto, se compararmos a intensa produção e o longo período de atividade. Suas encenações fundam, como afirma George Abensou, a *mise-en--scène*, e desvelam um campo de intersecções de linguagens artísticas desconhecido para o teatro do seu tempo. "E passar de uma concepção monológica do mundo para outra de caráter dialógico é dar um passo tão grande quanto o da cosmovisão geocêntrica para a copernicana"[57].

A organização dos estudos e pantomimas no Estúdio demonstrava que o processo de elaboração e criação das cenas realizava-se em um sistema de decomposição das partes. Ao separar cada segmento da estrutura cênica, Meierhold descobriu a possibilidade de *existência simultânea* e de independência dos planos. A pantomima e a música, coincidentes ou não, corriam em um plano paralelo e formavam o que ele denominou *polifonia*. A cena se constituía de pequenos movimentos, de núcleos independentes que, organizados pelo encenador, estabeleciam a grande partitura cênica. O encenador colocou--se a tarefa de educar um grupo de atores que fossem capazes de criar personagens que não se constituíssem a partir do indivíduo ou da sua própria psicologia, mas que, ao metaforizar a realidade, refletissem o arquétipo desarmônico e trágico do homem. "A ideia de polifonia no teatro, formulada por ele em 1914, é um exemplo de que a concepção meierholdiana marca uma nova etapa no teatro de Convenção"[58].

Na *nova etapa do teatro de Convenção* houve uma mudança de ponto de vista de todos os aspectos do teatro, dos elementos técnicos ao texto, do ator ao espectador. Ao dotar o ator de múltiplos recursos expressivos, Meierhold pretendia capacitá-lo a ser também um instrumento polifônico.

Os treinamentos físicos e vocais não visavam à ilustração da ação dramática, como também não podiam ser explicados como um caminho de automatização da representação, em que o ator, mecanicamente e virtuosisticamente, movimentava-se. Ao contrário, no teatro de Convenção meierholdiano, a formação do *ator-dançarino-músico-artista plástico* pretendia

---

57 K. Clark; M. Holquist, *Mikhail Bakhtin*, p. 263.
58 N. V. Pessotchinskii, op. cit., p. 76.

170 NA CENA DO DR. DAPERTUTTO

torná-lo sujeito, uma voz autônoma capaz de gerar, por meio da sua fala e do seu movimento, planos independentes que se comunicariam na simultaneidade da cena.

E, como vimos, o *ator-dançarino-músico-artista plástico* deveria ter plena consciência das *outras* vozes da cena: os outros atores, o espaço cênico, a cenografia e os objetos, a música, a iluminação, o texto etc. E para construir uma relação dialógica entre todas as partes da encenação, Meierhold elegeu um operador fundamental: o jogo.

O principal na arte teatral é o jogo. Até mesmo nos casos em que é necessário mostrar no palco os elementos da vida, o teatro reconstrói seus fragmentos com a ajuda dos meios orgânicos para a arte cênica, cujo lema é o *jogo*. Mostrar a vida no palco significa interpretar a vida, e tudo que é sério torna-se divertido, e o que é divertido torna-se trágico[59].

Era ele, o jogo, que delimitava o campo teatral, que assegurava o estatuto da especificidade do teatro e a autonomia da escritura cênica. Por meio do jogo o encenador V. E. Meierhold transformava-se em Dr. Dapertutto, o criador dos pequenos movimentos. E, ainda por meio do jogo, o Dr. Dapertutto desapareceu – dando lugar ao criador das grandes polifonias, V. E. Meierhold.

QUINTO MOVIMENTO:
CODA OU DA ARTE DE ENSINAR ENCENANDO

Na Moscou dos anos de 1920 um jovem diretor, ao ser indagado sobre sua formação, respondia com convicção ter sido aluno de Meierhold. Questionado sobre onde e quando havia estudado com o conhecido encenador, respondeu: assistindo aos seus espetáculos, como espectador[60].

---

59 Crônica do Estúdio, *O Amor de Três Laranjas...*, livro 4-5, 1914, p. 95. Ver infra, p. 400. Grifo do autor
60 A. Griptch, op. cit., p. 120.

Bibliografia

LIVROS

ABENSUR, G. *Vsevolod Meyerhold ou l' invention de la mise-en-scène*. Paris: Fayerd, 1998.

ABRAMOV, M. V.; NORIENKO, V. V. Aktior kak predmet pedagogicheskoi déyateľnosti regissiora v métode V. Soloviov (O Ator como Objeto da Atividade Pedagógica do Diretor no Método de V. Soloviov. In: *Sobre a História da Pedagogia Cênica de Leningrado*). Leningrado: LgiTMiK, 1999.

ALPERS, V. *Teatralnaia Otcherki* (Esboços Teatrais – Monografias Teatrais), Moscou: Iskusstvo, 1977.

ANTOINE, André. Detrás de la Cuarta Pared. In: JIMÉNEZ, Sergio; CEBALLOS, Edgar (orgs.). *Técnicas y Teorías de la Dirección Escénica*. México: Gaceta, 1985.

ASLAN, Odette Avant-Propos. In _____ (org.). *Le Corps en jeu*. Paris: CNRS, 1993.

AZZARONI, Giovanni *Il corpo scenico – ovvero la tradizione tecnica dell'attore*. Bologna: Nova Alfa, 1990.

BABLET, D. Adolphe Appia-art, révolte et utopie. In: *Adolphe Apia – Oeuvres complètes*, v. 1 Paris: L'Âge d'homme, 1983.

BAKHTA, I. Gniéssin v studii V. E. Meierholda (Gnessin no Estúdio de V. E. Meierhold). In: GLEZER, R, V.; GNESSIN, M. F. *M. F. Gniéssin. Statii, Vospominaniia, Matieriali*.

BAKHTIN, Mikhail. *A Cultura Popular na Idade Média e no Renascimento*. São Paulo: Hucitec; Brasília: Editora da UnB, 1993.

BANU, G. Meyerhold, Shakespeare de la mise-en-scène. In: PICON-VALLIN, Béatrice (org.). *Meyerhold - La mise-en-scène dans le siècle*.

BEREZARK, I. Conturi Novogo Aktiorskogo Stilia. (Contornos do Novo Estilo de Ator). *Rabotchii i Teatr*, n. 5. Moscou: 1937.

172   NA CENA DO DR. DAPERTUTTO

BONDI, S. O Muzikalnom Tchenii, M. F. Gniéssina (Sobre a Leitura Musical de M. F. Gnessin). In: GLEZER, R, V.; GNESSIN, M. F. *M. F. Gniéssin. Statii, Vospominaniia, Matieriali*.

BRAUN, Edward. *Meyerhold – A Revolution in Theatre*. London: Methuen, 1995.

_____. *The Theatre of Meyerhold – Revolution on the Moden Stage*. New York: Drama Book Specialists, 1979.

_____ (org.). *Meyerhold on Theatre*. London: Eyre Metheun, 1977.

CEBALLOS, Edgar. *Meyerhold – El Actor sobre la Escena*. México: Gaceta, 1986.

CHEPOUROV, A. Mise-en-scène et musique. In: PICON-VALLIN, Béatrice (org.). *Meyerhold – La mise-en-scène dans le siècle*.

CLARK, K.; HOLQUIST, M. *Mikhail Bakhtin*. São Paulo: Perspectiva, 1998.

DIEITCH, A. *Golos Pamiati. Teatralnie vpetchatlieniia i vstrietchi* (*A Voz da Memória. Impressões e Encontros Teatrais*). Moscou: Iskusstvo, 1966.

DJAF, Fabil. *Nasliedie B. E. Meierholda v Zarubejnom Teatroviedenii i Teatralnoi Piedagoguike* (*A Herança de V. E. Meierhold nos Estudos e na Pedagogia Teatrais*). São Petesburgo: Gossudarstvenie Acadiemiia Teatralnogo Iskusstva, 1994.

DORT, B. *Théâtre en Jeu*. Paris: Seuil, 1979.

FELDMAN, O. K Istorii Studii na Povarskoi // *Mir Iskusstva – Almanakh* (Para a História do Estúdio na Povarskaia. Mundo das Artes – Almanaque), Moscou: RIK, *Kultura*, 1995.

GLADKOV, A. *Meierhold 1 i Meierhold 2*, v. 1 . Moscou: Soiuz Teatralnikh Dieiatielei, 1990.

GLEZER, R. V.; GNESSIN, M. F. M. F. *Gniessin. Statii, Vospominaiia, Materiali*. (*M. F. Gnessin. Artigos, Memórias, Materiais*). Moscou: Soviestskii Kompozitor, 1961.

GOURDON, Anne-Marie. *La Formation du comédien*. Col. Le Voies de la création, v. IX. Paris: CNRS, 1981.

GUINSBURG, J. *Stanislávski, Meierhold & Cia*. São Paulo: Perspectiva, 2001.

_____. No Palco Stanislavskiano. *Revista USP*. 1990/91.

_____. *Stanislávski e o Teatro de Arte de Moscou*. São Paulo: Perspectiva, 1985.

_____. Evrêinov e o Teatro da Vida. *Folha de S. Paulo*. 31 de maio de 1981.

_____. Meierhold e Grotowski. *O Estado de S. Paulo*. 27 de nov. de 1977.

GURIÉVITCH, L. *Tvortchestvo Aktiora. O prirode tvortcheskikh perejivanii aktiora na stsiene* (*A Arte do Ator. Sobre a Natureza das Vivências Artísticas do Ator em Cena*). Moscou: Trudi Gossudarstvennoi Akademii Khudojestvennikh Nauk, 1927.

HUGO, V. *Do Grotesco e do Sublime*. 2. ed. São Paulo: Perspectiva, 2002.

KAYSER, Wolfang. *O Grotesco*. São Paulo: Perspectiva, 1986.

KRASOVSKII, Iu. M. L. *Niekatorie Problem Tieatralnoi de V. E. Meierhold, 1905-1919* (Alguns Problemas da Pedagogia Teatral de V. E. Meierhold 1905-1919). Leningrado: Leningradskii Gossudarstvenni Institut Teatra, *Muziki i Kinematografii*, 1981. Palestra.

_____. *Iz ópyta Teatralnoi Pedagóguiki V. E. Meierholda 1905-1917* (Da Ótica da Pedagogia Teatral de V. E. Meierhold 1905-1917). Leningrado: Leniingradskii Gossudarstvennii Institut Teatra, Muziki i Kinematografii, 1981. (Tese)

LEACH, Robert. *Vsevolod Meyerhold*. New York: University of Cambridge, 1989.

LUKHTI, E. A.; TARCHIS, I. A. *Meierhold v Russkoi Teatralnoi Kritike* (Meierhold na Crítica Teatral Russa). Moscou: Artist. Rejissior. Teatr, 1997.

BIBLIOGRAFIA   173

MALCOVATI, F. Introduzione. In: PESSOTEHINSKII, N. V. *Vselovod Mejorchol'd – L'attore biomecanico*. Milano: Ubulibre, 1993.

MARKOV, P. A. Entziklopedia, *Teatralnaia Entziklopedia (Enciclopédia Teatral)*, v. 4. Moscou: Izdatielstvo Sovietskaia, 1965.

MEYERHOLD, V. E. *Textos Teoricos*. Selección, estudios, notas e bibliografía de J. A. Hormigon. Madrid: Publicaciones de la Asociacion de Directores de Escena de España, 1992.

_____. *Meierhold Sbornik – 1 i 2* (Meierhold Coletânea – 1 e 2). Moscou: Tvortchieskii Tsentr V. Meierhold (Centro de Criação V. Meierhold), 1992.

_____. *Écrits sur le Théâtre*. Tradução, prefácio e notas de Béatrice Picon-Vallin. Paris: La Cité – L'Age d'homme. 1973 (v. I), 1975 (v. II), 1980 (v. III) e 1992 (v. IV).

_____. Como Odie a Stanislavski. In: JIMENEZ, S. *El Evangelio de Stanislavski segun sus apostoles, los apócrifos, la reforma, los falsos profetas y Judas Iscariote*. Mexico: Gaceta, 1990.

VENDROVSKAJA, L. D.; FEVRALSKIJ, A. V. (orgs.), *Tvortcheskoie Nasliediie V. E. Meierholda (A Herança Artística de V. E. Meierhold)*. M. Vsierossiiskoie Teatralnoie Obchchestvo, 1978.

KORSUNOVA, V. P. SITKOVECKAJA, M. M. (orgs.). *Pieriepiska 1896-1939 (Correspondência 1896-1939)*. Moscou: Iskusstvo, 1976.

_____. *O Teatro de Meyerhold*. Rio de Janeiro: Civilização Brasileira, 1976.

_____. *Teoría Teatral*. Madrid: Fundamentos, 1971.

_____. *Meierhold – Stat'i, Pisma, Rietchi, Biessiedi: Tchast' Piervaia 1891- 1917 (Artigos, Cartas, Palestras, Conversas: Primeira Parte 1891-1917)*. Moscou: Iskusstvo, 1968.

_____. *O Teatr* (Sobre o Teatro) São Petersburgo, 1912.

MIKLACHÉVSKI, Konstantin. *La Commedia dell'Arte – o il teatro dei commedianti italiani nei secoli XVI, XVI e XVIII*. Padova: Marsilio, 1981.

OIDA, Y; MARSHALL, L. *O Ator Invisível*. São Paulo: Beca, 2001.

PAVIS, Patrice. *Dicionário de Teatro*. São Paulo: Perspectiva, 1999.

_____. Anthologie portative de la partition, de Stanilavski a Wilson. *Degrès. La dramaturgie de l'actrice*, n. 97-99. Printemps-été, automme, 1999.

PAZ, Octavio. *Os Filhos do Barro*. Rio de Janeiro: Nova Fronteira, 1984.

_____. *A Outra Voz*. São Paulo: Siciliano, 1993.

PESSOTCHINSKII, N. V. *Vsevolod Mejerchol'd – L'attore biomeccanico*. Milano: Ubulibre, 1993.

_____. Aktior v Teatre Meierholda. *Russkoie Aktiorskoie Iskusstvo xx Vieka* (O Ator no Teatro de Meierhold. *A Arte do Ator Russo no Século xx*). São Petersburgo: RIIN, 1992.

_____. *Meierhold – K Istorii Tvortcheskogo Mietoda* (Meierhold – Para a História do Método de Criação). São Petersburgo: Nauka, 1988.

PICON-VALLIN, Béatrice. Les Années 10 a Petersbourg – Meyerhold, la Commedia dell'Arte et le bal masqué. In: ASLAN, Odette; BABLET, Denio (orgs.). *Le Masque, du rite au théâtre*. Paris: CNRS, 1985.

_____. La musique dans le jeu de l'acteur meyerholdien. *Études & Documents – Le jeu de l'acteur chez Meyerhold et Vakhtangov*, t. 3. Rennes: Université de Haute Bretagne, 1981.

_____. Meyerhold. Col. Les Voies de la Création Théâtrale, v. XVII. Paris: CNRS, 1979.

174 NA CENA DO DR. DAPERTUTTO

_____ (org.). *Meyerhold – La mise-en-scène dans le siècle*. Moscou: OGI, 2001.

POMORSKA, K. *Formalismo e Futurismo*. São Paulo: Perspectiva, 1972.

POPOV, S. A. K Istorii Studii na Povarskoi. *Mir Iskusstva – Almanakh* (Teatro--Estúdio na Povarskaia. *Mundo das Artes – Almanaque*), Moscou: RIK *Kultura*, 1995.

RIPPELINO, Angelo Maria. *O Truque e a Alma*. São Paulo: Perspectiva, 1996.

_____. *Maiakóvski e o Teatro de Vanguarda*. São Paulo: Perspectiva, 1971.

RIZZI, D. Il teatro simbolista russo tra scena e litteratura Varelij Brjusov. *Biblioteca Teatrale*, n. 3. Roma: Bulzoni Editore, 1986.

ROMANNOVSKAJA, A. *Schauspielerausbildung bei Mejerchol'd und Stanislavskij: die theater pädagogik Meyerholds in Entstehungsprozess seiner Shauspielemethode mit einigen Beziehungen zun Stanislavskij.*(*A Formação do Ator em Meierhold e Stanislávski: a Pedagogia Teatral de Meierhold no Processo de Surgimento do Seu Método de Atuação e algumas relações com Stanislávski*). (Tese).

ROUBINE, Jean-Jacques. *A Linguagem da Encenação Teatral*. Rio de Janeiro: Zahar, 1982.

_____. Théâtre et danse. In: LECOQ, J. (org.). *Le Théâtre du geste, mimes et acteur*. Paris: Bordas, 1987.

RUDNITSKY, K. *Russian and Soviet Theater 1905-1932*. London: Lesley–Milne, 1988.

_____. *Meyerhold, the Director*, New York: Ann Arbor, 1981.

_____. *Russkoe Rejissiorskoe Iskusstvo: 1889-1907 i 1908-1917* (*A Arte Russa da Direção: 1889-1907 e 1908-1917*). Moscou: Nauka, 1990.

_____. *Spektakli Raznikh Liet* (*Espetáculos de Diversos Anos*). Moscou: Mir Iskusstvo, 1974.

_____. Tvortcheskoie (No Teatro da Ofitserskaia). In: VENDROVSKAJA, L. D.; FEVRALSKAJ, A. V. (orgs.). *Nasliediie V. E. Meierholda*.

RUMNIOV, A. Dramaticheskaia pantomima v Rossii. *O Pantomimie* (Pantomima Dramática na Rússia. *Sobre a Pantomima*). Moscou: Mir Iskusstvo, 1964.

SARCEY, Francisque. A. Antoine et Le théâtre-libre. *Quarente ans de théâtre*, v. VIII. Paris, Bibliothèque des Annales, 1902.

_____. Les Sentiments de convention. *Quarente ans de théâtre*, v. I. Paris: Bibliothèque des Annales, 1900.

SCHMIDT, Paul. *Meyerhold at Work*. Texas: University of Texas Press, 1980.

SCHNAIDERMAN, Boris. *Projeções: Rússia/Brasil/Itália*. São Paulo: Perspectiva, 1979.

SEROVA, S. A. *Teatralnaia Kontseptsiia V. E. Meierholda i Kitaiskaia Teatralnaia Tieoriia* (A Concepção Teatral de V. E. Meierhold e a Teoria Teatral Chinesa). Palestra, Moscou, 1968.

SMIRNOVA, A. V Studii na Boronkiskoii (No Estúdio da Brandiskaia). In: M. A. Valenteiin et al (orgs.). *Vstrietchs Meierholdom*.

SOLIVETTI, C. La Commedia dell'Arte in Russia e Konstantin Miklasevskij. In: *La Commedia dell'Arte – o il teatro dei commedianti italiani nei secoli XVI, XVII e XVIII*. Padova: Marsilo, 1981.

STANISLÁVSKI, Constantin. *Minha Vida na Arte*. Rio de Janeiro: Civilização Brasileira, 1989.

SRIEBKOV, S. S.; VZGLIADI M. F. Gniéssina na musicál'nuiu fórmu (As Concepções de M. F. Gnessin sobre a Forma Musical). In: GLEZER, R. V.; GNESSIN, M.F. *M. F. Gniéssin. Stat'i, Vospominania, Materiali*.

SYMONS, J. M. *Meyerhold Theatre of Grotesque – Post Revolutionary Production 1920-1932*. Miami: University of Miami Press, 1971.

BIBLIOGRAFIA 175

SZONDI, Peter. *Teoria do Drama Moderno – 1880-1950*. São Paulo: Cosac & Naify, 2001.

TARCHIS, N. Rejisseina i Mus'ka (Direção e Música). In: *Musik i Spiektakli (Música e Espetáculo)*. Leningrado: Nauka, 1978.

_____. O "Musical nom Realizme" Meierhold (Sobre o Realismo Musical em Meierhold). In: PICON-VALLIN, Béatrice (org.). *Meyerhold - La mise-en-scène dans le siècle*.

TIER-GUEVONADIAN, A. G. Pedagoguitcheskaia Dieiatelnost Mikhila F. Gniessina (A Atividade Pedagógica de Mikhail F. Gnessin) In: GLEZER, R. V.; GNESSIN, M.F. *M. F. Gniéssin. Stat'i, Vospominania, Materiali.*

TCHERBAKOV, Vadim. *Nasliedie Italianskoi Komiedii Maski v Teatre 1910/1920 gg. Meierholda. Tairova Vakhtangova* (*A Herança da Commedia dell' Arte no Teatro dos anos 1910/1920 de Meierhold. Taírov Vakhtangov*). Tese, 1992.

VALENTEII, M. A.; MARKOV, P. A., ROSTOTSKII, B. I. (orgs.). *Vstrietchi s Meierholdom* (*Encontros com Meierhold*). Moscou: Vsierossiiskoe Teatralnoe Obchtchiestvo, 1967.

VOLKOV, N. *Meierhold*, v. 1. Moscou – Leningrado: Academia, 1929.

VOLYNKIN, N. M. *Iz Istorii Stsenitchieskoi Pedagoguiki Leningrada.* (Fragmentos da História da Pedagogia Cênica de Leningrado). Leningradskii Gossudarstvennii Institut Teatra, Muziki i Kinematografii, 1991.

2. MATÉRIAS DE JORNAL E DE REVISTAS

ACHKINAZI, Zigfrid. Studiia V. E. Meierholdo (Estúdio de V. E. Meierhold), *Teatralnaia Gazieta*. n. 14. Moscou, 1915.

AGUICHEVA, N. Andréi Bieli i Teatr (Andréi Bieli e o Teatro). *Sovremennaia Dramaturguia*, n. 3, Moscou, 1986.

ALPERS, B. Sud'ba Teatralnikh Tetchéni (O Destino das Correntes Teatrais, Teatro). *Teatr*, n. 5 . Moscou, 1967.

ANTOKOLSKI, P. Stanislavski i Meierhold. *Teatr*, n. 8. Moscou, 1972.

BEREZARK, I. Meierhóldovskoie "Nasliédiie" v Leningrádskikh Teátrakh (A Herança de Meierhold nos Teatros de Leningrado). *Teatr*, n. 3. Moscou, 1938.

_____. Slovo i Dvijienie v Teatre Meierholda (Palavra e Movimento no Teatro de Meierhold,). *Rabotchii i Teatr*, n. 26. Leningrado, 1934.

BIESKIN, Ém. Tri Apelcina (Três Laranjas), *Teatralnaia Gazieta*, n. 3. Moscou, 1914.

BONDI, I. Carta à Gnessin, novembro de 1914. *Teatr*, n. 1. Moscou, 1999.

BORISSOVA, Marina. A. Benua i V. Meierhold v 1911 Godu (A. Benois e V. Meierhold em 1911). *Petesburgskii Teatr. Jurn.*, n. 0 São Petersburgo, 1992.

BRAUN, Iakov. Put Eksperimentatora (O Caminho do Experimentador). *Teatr i Muzika*, n. 11(24). Moscou, 1923.

CHÁKHMATOVA, E. V. Tradítsii Vostochnogo Teatra v Estétike Meierholda (As Tradições do Teatro Oriental na Estética de Meierhold). *Teatrálnoie Iskusstvo Vostoka*, n. 0. Moscou: Moscou Gskii Teatr. Jurn., 1992.

DAVYDOV, L. Natchalo Ochibok (O Início dos Erros, Teatro). *Teatr*, n. 2. Moscou, 1938, p. 115-123.

176 NA CENA DO DR. DAPERTUTTO

DERJÁVIN, K. Putyámi Oktyabryá, (Nos Caminhos de Outubro). *Soviétski Teatr,* n. 10. Moscou, 1932.

D'ORRICO, A.; VANCINI, A. L' Avanguardia teatrale russa nel novecento e l' idea di Commedia dell'Arte. *Quaderni di Teatro,* n. 6. Firenze: Valecchi, 1978.

FELDMAN, O. A. M. Remizov il Novie Dram (A. M. Rêmizov e a Cia. do Drama Novo). *Teatr,* n. 4. Moscou, 1994.

FEVRALSKII, A. Meierhold i Tsirk (Meierhold e o Circo, Cena e Circo Soviéticos). *Sov. Estrada i Tsirk,* n. 4. Moscou, 1963.

FREIDKINA, L. U Istokov Formalisma v Russkom Teatre (Nas Fontes do Formalismo no Teatro Russo). *Teatr,* n. 6. Moscou, 1937.

GUERASSIMOV, Iu. Krizis Modernistskoi Teatralnoi Misli v Rossii, 1907-1917 (A Crise no Pensamento Modernista na Rússia 1907-1917.) *Teatr i Dramaturguia).* Leningrado, 1974.

IZ PISSIEM o Teatre (Das Cartas sobre o Teatro). *Vessi.* Moscou, 1907.

KRISTI, G. Stanislavski i Meierhold. *Oktiabr,* n. 3. Leningrado, mar. 1963.

KUGUEL, A. Teatralnie Zamietki // (Notas Teatrais). *Teatr i Iskusstvo,* n. 37. São Petesburgo, 1907.

LIUBOV K. *Triom Apelsinam (O Amor de Três Laranjas).* São Petersburgo, 1914-1915-1916.

LVOV, I. Stalizatsiia v Vitsmundire (Estilização do Uniforme). *Rampa,* n.1. Moscou, 1908.

MARKOV, P. Aktior Epókhi Revoliútsii (O Ator da Época da Revolução). *Sovétski Teatr,* n. 10/11. Moscou, 1932.

MEIERHOLD, V. Publikatzii (Publicações). *Teatr,* n. 3. Moscou, 1988.

MOKULSKII, S. Iaponskii Teatr i Mi (O Teatro Japonês e Nós). *Jizn Iskusstva,* n. 34. Leningrado, 1928.

MUZIKALNO. – Dramatitcheskie Kursi Pollak (Cursos Musicais-Dramáticos Pollak). *Teatr i Iskusstvo,* n. 23. São Petesburgo, 1909.

NEGOREV, N. Maski Doloi (Fora as Máscaras, Teatro e Arte). *Teatr i Iskusstvo,* n. 2. Moscou, 1907.

PETRÓVSKAIA, E. Absoliutno Nietchitáiemaia... (Absolutamente Ilegível...). *Moskóvski Nabliudátel',* n. 9. Moscou, 1992.

PLUTCHEK, V. Stena i Tsirk – Krovnye Roditchi (Cena e Circo – Parentes de Sangue). *Sov. Estrada i Tsirk,* n. 9. Moscou, 1975.

SMIRINA, A. E. Molier – Meierhold – Modern (Molière – Meierhold – Modernismo, Teatro). *Teatr,* n. 5. Moscou, 1993.

SMIRNOV, B. Zapad i Vostok. K istórii vzaimosviázei teatrálnikh kultur (Ocidente e Oriente. Para a História das Interrelações de Culturas Teatrais). *Teatrálnoie Iskusstvo Vostoka.* Moscou, 1984.

SOLOVIOV, V. Aktiory Teatra Meierholda (Atores do Teatro Meierhold, A Vida da Arte). *Jizni Iskusstva,* n. 42. Leningrado, 1927.

TAMARIN, N. Studii Meierolda (Do Estúdio de Meierhold). *Teatr i Iskusstvo* n. 7. São Petesburgo, 1915.

_____. Studiia Meierholda / (Estúdio de Meierhold). *Teatr i Iskusstvo,* n. 8. São Petesburgo, 1915.

TCHERBAKOV, V. I podmastér'ia (Discípulos e Aprendizes, Vida Teatral). *Teatrálnaia Jizn,* n. 290. Moscou, 1990.

_____. Plastitcheskom Teatre (Sobre o Teatro Plástico). *Teatr,* n. 7. Moscou, 1985.

BIBLIOGRAFIA   177

_____. Po obie stroni maskii (Os Dois Lados da Máscara). *Teatr* n. 1. Moscou, 1990.

TIKHVINSKAIA, L. E. Intermiediia doktora Dapertutto (Intermédio do Doutor Dapertuto). *Teatr*, n. 3 Moscou, 1988.

TUMANSKII, A. Kommiediia diele Studio (Comédia do Estúdio). *Teatr i Iskusstvo*, n. 23. São Petesburgo, 1915.

TVERSKOI, K. V. N. Soloviov. *Rabotchi i Teatr*, n. 34. Leningrado, 1926.
  Teatralnaia Jizn, n. 2 (Vida Teatral). Moscou, jan. 1990.

UVAROVA, I. Jizn i Smiert Doktora Dapertutto, Maga i Litsedieia, a takje ego tchudiesnye prevrachtcheniia v rejissiora Imperatorskikh Teatrov, v krasnogo komissara i, nakoniets, v Rigoletto, opiernogo chuta (Vida e Morte do Doutor Dapertutto, Mago e Ator, e também as Suas Transformações Maravilhosas em Diretor dos Teatros Imperiais, em Comissário Vermelho e, finalmente, em Rigoletto, o Bobo da Ópera). *Teatr*, n. 1. Moscou, 1990.

_____. Meierhold: Noveichie Iskaniia. Zavieti Drievnosti (Meierhold: Novíssimas Buscas. Preceitos da Antiguidade). *Teatr*, n. 5-6. Moscou, 1994.

VERMEL, Samuil. O Momento da Forma em Arte, *O Amor de Três Laranjas – A Revista do Doutor Dapertutto*, livro I. São Petersburgo, 1914.

VOLKOV, Nikolai. Put Rejissiora o Meierholde (O Caminho do Diretor). *Teatr i Muzika*, n. 37. Moscou, 1923.

VISSOTSKAIA, O. Moí Vospominaniia (Minhas Memórias). *Teatr*, n. 4. Moscou, 1994.

VSEVOLOD E. Meierhold – K 20 letiiu Rejissiorskoi i 25 lietiiu Aktiorskoi Dieiatelnosti (Meierhold – Em Comemoração a Vinte Anos de Direção e Vinte e Cinco Anos de Atuação). Tver, Oktiabr,1923.

ZAVADSKII, Iu. Misli o Meierholde (Pensamentos sobre Meierhold). *Teatr*, n. 2. Moscou, 1974.

ZVENIGORODSKI, N. Vs. Meierhold: ... nujni artisti novogo janra (Vs. Meierhold: ... são necessários artistas de um novo tipo). *Teatralnaia*, n. 290. Jizn, 1990.

3. DOCUMENTOS

3.1. *Fundo V. Soloviov*

TIK 11287.78 Kniga Studii V. Meierhold na Borodínskaia (Livro do Estúdio V. Meierhold na Borondinskaia).

TIK 11287.78 Studii V. Meierhold na Borodínskaia (Estúdio V. Meierhold na Borondinskaia).

TIK 11287.78 Studii V. Meierhold na Borodínskaia (Estúdio V. Meierhold na Borondinskaia).

TIK 11287.89 Pismó V. Meierhold na Borodínskaia (Carta V.Meierhold- V. Soloviov).

TIK 11287.97 Pismó V. Meierhold na Borodínskaia (Carta V.Meierhold- V. Soloviov).

L. 5, L. 6 – O Meierholde (Tiezici Doklada) (Sobre o Meierhold [Teses da Palestra]).

178 NA CENA DO DR. DAPERTUTTO

3.2. Fundo M. F. Gnessin

GNESSIN, M. F. Avtobiografiia (Autobiografia), 1941.

3.3. Fundo V. E. Meierhold (N. 999)

DOC. 90. V. E. Meierhold, V. N. Soloviov – Rukoi V. N. Soloviov – "Ogon" (V. E. Meierhold, V. N. Soloviov – Pela Mão de V. N. Soloviov – "Fogo"), 1914.

DOC. 388. Beciedi s Aktiorami (Conversas com Atores), 1906.

DOC. 399. K voprossu o muzikalnom tchienii v drame; o zapici intonatsii v drame. Nabroski k statie (Sobre a Questão da Leitura Musical no Drama; Sobre a Gravação da Intonação no Drama. Esboços para o artigo), 1908, p. 4.

DOC. 431. Vistuplienie po dokladu S. M. Volkoniego "drievnii khor na sovremienoi stsiene" (Discurso a partir da conferência de S. M. Volkoniego: "O Coro Antigo na Cena Contemporânea"). 1913, p. 5.

DOC. 447. Stat'ia ob uslovnom teatre, stilizastii ... (Artigo sobre o teatro de Convenção, estilização ...), p. 24.

DOC. 449. Vistuplienie (Tezissi) po povodu soobchcheniia N. V. Petrova o chkolnoi pedagoguike stsenitcheskogo iskusstva (Discurso [teses] a propósito do comunicado de N. V. Petrov sobre a pedagogia escolar da arte cênica.

DOC. 457. Stat'ia o russkom teatre za period s 1906 po 1916 g. (Artigo sobre o teatro russo no período de 1906 a 1916).

DOC. 458. Stat'ia o tatralnikh traditsiiakh (Artigo sobre tradições teatrais). 1916, p. 17.

DOC. 714. Liektsii, besiedi, razrabotki zadanii dlia utchenikov studii Vs. Meierholda (Palestras, conversas, desenvolvimento de tarefas para os alunos do Estúdio de Vs. Meierhold). 1913-1917, p. 42.

DOC. 715. Liektsii o masterstvie aktiora v studii Vs. Meierholda (Palestras sobre a arte do ator no estúdio de Vs. Meierhold). 1914-1917, p. 23.

DOC. 769. Ob amplua aktiora – zapis v forme pisma k aktrisse (Sobre o papel do ator – anotação em forma de carta a uma atriz). 1903-1909, p. 2.

DOC. 772. Tetrad s planami i nabroskami statiei o teatre, zamietkami... (Caderno com notas, esboços de artigos sobre o teatro, notas). 1906-1909.

DOC. 784. Zapissi po dokladu K. S. Petrova Vodkina iskusstvo buduchchego v chkole Zvantsevoi (Anotações a partir do discurso de K. S. Petrov Vodkin, A arte do Futuro na Escola de Zvantseva"). 1912, p. 4.

DOC. 788. Zapissi na zassedaniiakh; zamietki po organizatsii v studii (Anotações nas reuniões; notas sobre a organização no estúdio). 8 de set. de 1914/10 de mar. de 1915, p. 21.

DOC. 789. Plan besied s M. F. Gniessinim... 1914\1915 (Plano das conversas com M. F. Gnessin...), p. 6.

DOC. 790. Zametchanie ispolnateliam posle 1-go Vietchera studii V. E. Meierholda (Observações aos intérpretes após a primeira Vesperal do estúdio de V. E. Meierhold), 12/14 fev. de 1915, p. 16.

DOC. 794. Plan raboti, zapissi na zassedaniiakh... (Plano de trabalho, anotações em reuniões...), 28 de março de 1916-28 de set. de 1917, p. 37.

DOC. 994. Pismo (Carta) (sem identificação de outros dados).

DOC. 2744. Programi liektsii V. E. Meierholda i vietchera s ego utchastiem (Programas das palestras de V. E. Meierhold e da noite com a sua participação), 1909.

DOC. 2855. Prochenie V. E. Meierhold (Pedido de V. E. Meierhold) (sem outros dados).

Parte II

Sobre o Teatro, de V. Meierhold

Tradução: Maria Thais e Roberto Mallet
Colaboração: Gabriela Itocazzo

NOTA DE EDIÇÃO: A tradução foi realizada por Maria Thais e Roberto Mallet – com a colaboração de Gabriela Itocazzo – a partir do original russo, *O Teatre* (*Sobre o Teatro*), São Petersburgo, 1912 e a edição organizada por A. Fevralskii, *Meierhold – Stat'i, Pisma, Rietchi, Biessiedi: Tchas'Piervaia 1891-1917* (*Meierhold – Artigos, Cartas, Palestras, Convesas: Primeira Parte, 1891-1917*). Moscou: Iskusstvo, 1976; do cotejamento com a edição francesa *Écrits sur le Théâtre, vol. I*, organizada e traduzida por Beatriz Picon-Vallin, Paris: La Cite/L'åge d'homme, 1973; com a edição espanhola *Meyerhold: Textos Teóricos*, organizada por Juan Antonio Hormigon, Madrid: Publicaciones de la Asociacion de Diretores de Escena de Espana, 1992; e com a edição inglesa, *Meyerhold on Theatre*, organizada por Edward Braun, New York: Hill and Wang, 1969.

A fonte principal das notas é a edição russa de 1976 e a *Enciclopédia Teatral – Volume I-V*. Moscou: GNI, 1961.

Prefácio

Este livro[1] é uma reunião dos meus artigos, alguns já publicados em diversas revistas, outros, impressos aqui pela primeira vez, e contêm a evolução das minhas ideias sobre a essência do teatro, estreitamente ligadas a meus trabalhos de encenação durante o período de 1905-1912.

O livro está dividido em três partes:

A primeira parte contém dois artigos: "Sobre a História e a Técnica do Teatro" e "Sobre a Encenação de *Tristão e Isolda* no Teatro Mariínski em 30 de Outubro de 1909". Esses dois artigos permanecem sem modificações. Achei que trairia sua integridade se começasse a corrigir aqueles trechos que hoje me parecem necessitar de alguns esclarecimentos e digressões suplementares.

Na segunda parte entraram notas e resenhas retiradas do Diário. Algo dessa parte já havia sido publicado (sob o título "Cartas sobre o Teatro" e "Folhas de Cadernos de Notas") nas revistas *Vesy*

---

1 *Sobre o Teatro* foi publicado em 1913 por Meierhold, em São Petersburgo (Edições Prosvechtenie), com 208 páginas. É uma seleção de artigos e notas sobre a obra cênica e teórica do autor, escritos a partir de 1905. Parte dos artigos foram publicados em revistas e compilações entre 1907 e 1910. A cada texto será identificado, quando possível, a data de publicação (N. da T.).

(*A Balança*)[2], *Zolotoe Runo* (*O Tosão de Ouro*)[3], *Apollon* (*Apólo*)[4] e *Jurnal Literaturno – Khudójestvennovo obchestva* (*Revista da Sociedade Literário-Artística*).

A terceira parte é representada pelo artigo "A Barraca de Feira", onde estão refletidas todas as concepções sobre o Teatro, resultantes da experiência de minhas últimas encenações, de 1910 a 1912. No que concerne à minha atitude perante os métodos de encenação, foram muito importantes os procedimentos técnicos a que recorri na encenação de duas peças: *Don Juan*, de Molière, e a pantomima de A. Schnitzler, *A Echarpe de Colombina*, em uma adaptação do Doutor Dapertutto[5]. O primeiro impulso na determinação dos caminhos da minha arte foi dado, entretanto, pela feliz criação dos planos para a encenação da maravilhosa *Barraca de Feira*, de A. Blok. Desde a encenação dessas três peças, minha principal inquietação é encontrar uma solução para os problemas teatrais ligados à questão do proscênio. Embora nenhum dos artigos aqui publicados faça um apanhado completo dos problemas relativos ao proscênio, o leitor não deixará de observar que, neste livro, todos os fios dos diversos temas unem-se em torno dessa questão.

Para mim, que comecei os meus trabalhos de encenação em 1902, somente ao cabo de um decênio é dado tocar aqueles mistérios do Teatro, que estão escondidos em seus elementos primários, como o *proscênio* e a *máscara*. E entendo agora porque dois nomes jamais desaparecerão da minha memória: o de A. I. Golóvin e o do falecido N. N. Sapúnov – são aqueles com quem, com imensa felicidade, andei pelo caminho das buscas em *A Barraca de Feira*, *Don Juan* e *A Echarpe*

2 Revista literária editada entre 1904 e 1909. Publicava, a cada mês, crônicas sobre o teatro russo e europeu (N. da T.).
3 Revista mensal de arte e literatura, editada entre 1906 e 1907, responsável pela publicação dos principais poetas simbolistas (N. da T.).
4 Revista de arte e literatura, editada entre 1909 e 1917. Teve entre seus colaboradores o poeta A.Blok e o encenador Evrêinov (N. da T.).
5 Doutor Dapertutto é meu pseudônimo (agora já revelado), usado nos trabalhos de encenação que realizei e que se caracterizavam por uma forte tendência a um tipo de interpretação cênica, da qual falaremos na terceira parte deste livro (N. do A.).
   O pseudônimo usado por Meierhold foi retirado dos contos fantásticos de E. T. A. Hoffmann. Ver, supra, p. 80-81 (N. da T.).

SOBRE O TEATRO: PREFÁCIO

de Colombina; são aqueles para quem, assim como para mim, foram entreabertas as portas escondidas que levam ao país das maravilhas.

*   *   *

A primeira e a segunda partes deste livro estão indissoluvelmente ligadas aos meus trabalhos de encenação nos anos 1905-1910; a terceira parte liga-se às pesquisas relativas a um período próximo de 1912.

Dado que minhas formulações teóricas sempre evoluíram junto com minhas experiências cênicas, creio não ser supérfluo acrescentar no final do livro a lista das peças que encenei desde 1905, com a descrição (em notas) de alguns procedimentos de encenação que utilizei.

A partir da lista de meus trabalhos de encenação, o leitor, se desejar, facilmente poderá encontrar nos periódicos da época as críticas relativas a meus espetáculos. Essas críticas, algumas favoráveis às minhas pesquisas, outras (a maioria) negativas, podem oferecer ao leitor, através do confronto de diversas opiniões, uma análise quase completa das minhas encenações.

Agradeço profundamente a: A. M. Giltcher, V. M. Biebutov[6] e B. S. Mossolov, que me ajudaram a reunir minhas anotações, e a V. N. Soloviov[7], com quem tive frequentes conversações que fortaleceram as teses fundamentais de meu último artigo, "A Barraca de Feira".

V. Meierhold
São Petersburgo, novembro de 1912.

---

6 V. M. Biebutov (1885-1961), encenador. Trabalhou no Teatro de Arte de Moscou entre 1912 e 1917. Foi assistente de Meierhold nas seguintes encenações: *As Albas,* de Verhaeren (1920), *Mistério-Bufo,* de V. Maiakóvski (1921) e *A União da Juventude,* de H. Ibsen (1921) (N. da T.).
7 Sobre Soloviov, ver n.13, supra, p. 76.

Mesmo se me corróis até a raiz, ainda assim produziria frutos suficientes para serem derramados em libações sobre a cabeça, ó bode, quando fores sacrificado.

EVEN D'ASCALON[8]

8 Poeta grego, nascido em Ascalon, na Palestina. Alguns dos seus textos foram reproduzidos na *Antologia Palatina*, coletânea de poesias gregas curtas reunidas no século XIV por eruditos bizantinos (N. da T.).